ドラゴン解剖学
登竜門の巻

中国現代文化14講

中国モダニズム研究会

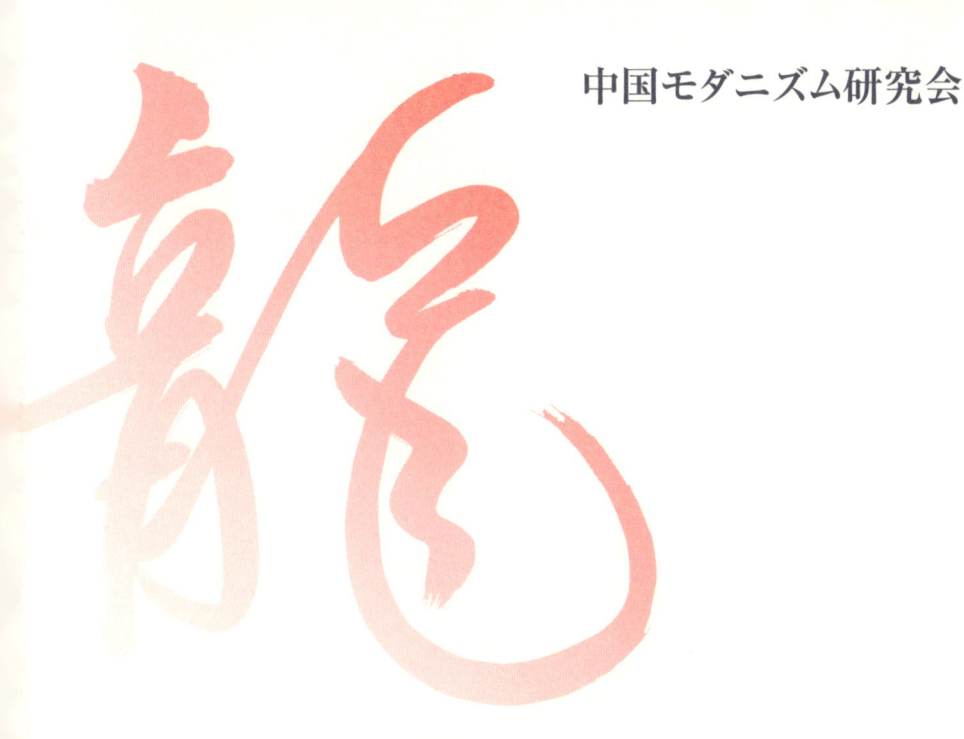

関西学院大学出版会

ドラゴン解剖学　登竜門の巻
中国現代文化 14 講

中国モダニズム研究会

はじめに

「中国」といえば、何をイメージするでしょうか。

漢詩に孔子、中華料理、孫文、毛沢東……。学生諸君に聞いてみると、「中国四千年の歴史」といったフレーズに代表される、古い中国のイメージか、時代を動かした、かつての指導者たちが多いように思われます。中学・高校時代に使用していた、国語や歴史の教科書のせいでしょうか、テレビやインターネットで様々な情報があふれる時代になっても、答えは驚くほど似通っています。

現代中国の姿は、悲しいかな、日中戦争の暗い影と、今日まで続く両国の歴史認識の違いに基づく諸問題のために、かき消されてしまっているようです。

しかし、文化に限ってみても、19世紀末頃から今日までの、約百年あまりの近現代中国は、伝統と革新が交錯し、恐ろしいほどのスピードで変化し続ける、多様で複雑なドラマに彩られた時代です。

最後の王朝・清朝から中華民国へ、その後日中戦争を経て、中華人民共和国となり、今やGDPではアメリカに次いで世界第二位の、経済大国になりました。時代の変化に伴い、文学、演劇、映画といった分野でも魅力的な作品の数々が誕生しています。

また、いわゆる「中華圏」と呼ばれる地域は、実際は様々な言語や少数民族を抱える中国大陸だけではありません。台湾や香港、世界じゅうに散らばる、「華人」たちの生活圏をも意味します。これらの地では、独自の社会、文化が育まれてきました。

「ドラゴン解剖学」シリーズは、このエネルギーと神秘に満ちた中華文化（「龍＝ドラゴン」）を解剖します。一見難解な事柄でも、読者にわからせてしまおうという、なんとも遠大で大それた試みのもとに作られているのです。

「登竜門の巻」と題した本巻は、大きく分けて、五つの部分から構成

されています。

　第1章と第2章では、中国近現代史のあゆみと、多様な言語状況について。第3章から第6章では、清朝末期から今日までの文学と、それを取り巻く状況について。そして第7章から第9章は、演劇、映画、美術といった芸術分野について解説しています。続く第10章から第13章では、台湾、香港、華人世界、少数民族の歴史・社会・文化について。最後の第14章「レファレンスのために」には、中国関連書籍の買い方から、図書館・インターネットを利用した資料の探し方まで、レポートや論文を執筆する際に役立つ情報を記載しました。

　本書はなるべく、難解な表現は避け、わかりやすく読んでもらうことのできるよう作成しています。本文中に登場するキーワードは〈　〉で記し、漢字にはなるべく多くルビをふりました。各章で紹介する参考書籍は、大学図書館や公共図書館で手に入りやすく、比較的気軽に読めるものを選びました。

　興味のある章をさらっと読むのもいいですし、興味が湧いた人は、ぜひこれらの参考書籍を手にとってみてください。さらに踏み込んで研究してみたい人には、各章末尾の「読んでみよう・調べてみよう！」を参考にしてはいかがでしょうか。

　各章の執筆を担当した、「中国モダニズム研究会」のメンバーは、主に近現代の中華圏の文学・文化について研究している大学教員です。それぞれのテーマについて、「これが面白い！」という、強い思い入れを持つ作品・人物・事項を選び、紹介しています。

　本書を通して、少しでも新たな発見をし、興味を持っていただければ幸いです。さあ、あなたもこの羅針盤を手に、中華圏の文化という大海原に漕ぎ出してみませんか？

神谷まり子

目　次

はじめに ………………………………………………………………… 3

第1章　歴　史
波乱万丈！ 英雄豪傑才女の中国近現代史 ………………… 9

斜陽の大清帝国と西太后／辛亥革命と孫文／北伐と蔣介石、日中戦争へ／中華人民共和国と毛沢東、文革／改革開放と鄧小平

第2章　言　語
内なる多様性、外とのつながり ……………………………… 19

「中国語」ってどんなことば？／中国で話されている様々な言語／中国語の歴史／漢字と疑似漢字・そのほかの文字／東アジアに広がる中国語世界

第3章　文学1──清末から中華民国
伝統と変革の時代の文学 ……………………………………… 31

清代までの小説／清末の小説界革命とジャーナリズムの興隆／官界批判と科挙制度の廃止／妓女たちの「恋愛」物語／通俗小説その後

第4章　文学2──中華民国
こんなはずじゃなかった文学史 ……………………………… 43

郁達夫の作品など／老舎の作品／沈従文の作品など／蕭紅の作品など／路翎の作品とそのほかの作家の小説／魯迅の作品

第5章　文学3──中華人民共和国
〈英雄〉の活躍から〈自分探し〉へ ………………………… 59

人民文学と反右派闘争／文化大革命／『輝ける道』／ポスト文革時代の新時期文学／改革開放と「自分探し」／民族の「根」を求めて——ルーツ文学

第6章 文学4—同時代
「政治とカネ」の論理を超えて ……………………………… 69

文学の〈市場化〉——汪暉、高行健、劉暁波、村上春樹／身体の変容——衛慧、陳染、安妮宝貝／魂の言葉——史鉄生、閻連科、残雪／物語の再構築——格非、余華、蘇童、張煒／越境するジャンル——郭敬明、韓寒、田原

第7章 演劇
新しい演劇を！——伝統と現代の葛藤のなかで ………… 81

崑曲と様々な地方劇／京劇の華——梅蘭芳／近代劇——話劇の台頭／建国後の伝統劇改革と革命模範劇／新時期の探索——より新しい演劇を求めて／北京・上海の劇場について

第8章 映画
銀幕に映し出される激動の歴史と人々 ……………………… 95

建国までの中国映画の歩み／建国から文化大革命前後／世界に羽ばたく第五世代／映画の二極分化——商業的娯楽大作化と庶民の喜怒哀楽／香港映画——商業主義的エンターテインメントと新たな模索／台湾映画——歴史の闇・都会の喧騒・青春の痛み

第9章 美術
水墨画からアバンギャルドまで ……………………………… 109

日本美術留学の流れ／洋画の勃興／漫画・ポスターの流行／民間美術へのまなざし／水墨画の改革／戦争・社会主義のプロパガンダ美術／挑戦する現代アート

目　次

第10章　台湾
国か、地域か／中国か、台湾か ……………… 123
台湾史の始まり／日本統治時代／「中国」復帰から国民党独裁政権時代へ／李登輝の時代／民進党政権の登場と挫折／現代

第11章　香港
「買い物天国」のこれまでとこれから ……………… 135
香港の歴史――第二次大戦まで／香港の歴史――第二次大戦終戦以後／ビジネス・経済から見る香港／香港映画・香港文学／香港人は「なに人」か？／旅する香港／マカオ（澳門）

第12章　華人世界
龍の末裔、そのルーツとアイデンティティ ……………… 149
華人とはだれか／華人のルーツ／華人のまち、チャイナタウン／グローバル化する華人社会と新興のチャイナタウン／ナショナリズムと華人／ふたたび、華人とはだれか

第13章　少数民族
〈多民族国家〉としての中国――東アジアのなかで … 163
首都北京、万里の長城から近すぎないか？／〈東アジア〉という広がり／人民共和国の諸民族その１――朝鮮族から満洲族まで／人民共和国の諸民族その２――モンゴル族からウイグル族まで／人民共和国の諸民族その３――チベット族から西南の諸民族まで

第14章　レファレンスのために
書を求めて、町に出よう ……………… 175
本を買おう！／図書館へ行こう！／図書館にない本の探し方――CiNii booksの使い方／国立国会図書館の利用法／図書館の活用法／論文の探し方――CiNii Articles／ネットで調べも

の／用例検索／ネットを使った調べものの注意点／工具書案内／さいごに

あとがき……………………………………………195
関連年表……………………………………………197
中国地図……………………………………………206
中華圏関連地図……………………………………208
索引…………………………………………………209
執筆者一覧…………………………………………227

第1章
歴 史

波乱万丈！ 英雄豪傑才女の中国近現代史

　中国の歴史が、波乱万丈、血沸き肉躍る事件や、英雄豪傑、美女や才女に満ち溢れていることは、皆さんご存知でしょう。中でも近現代史は、欧米列強や日本といった外敵を迎えて、しばしば三つ巴以上の激しい争いがくり広げられました。いったん歴史の本を手にすると、ページを繰る手がもどかしく感じられるほどです。
　もちろんこれら大事件や偉人たちの背後には、日常を送る"老百姓"〔一般庶民〕の生活があり、都市の近代的な生活があれば、農村の伝統的な生活があり、また知識人たちの言論や、芸術家たちの創作活動がありました。第一章では、中国のこの百年の歴史を、ブックガイドをしつつ、振り返ってみたいと思います[1]。

斜陽の大清帝国と西太后

　20世紀の中国史には、欠かすことのできない偉人が4人います。革命家孫文、国民党の指導者蔣介石、「最後の皇帝」とも称すべき毛沢東、そして現在につづく改革開放の時代を作った鄧小平です。ただ

　1　中国近現代史には、最新のものとして、講談社「中国の歴史」シリーズの、菊池英明『ラストエンペラーと近代中国——清末・中華民国』・天児慧『巨龍の胎動——毛沢東VS鄧小平』(2004, 5)や、岩波新書「シリーズ中国近現代史」の、吉澤誠一郎『清朝と近代世界——19世紀』・川島真『近代国家への模索——1894-1925』・石川禎浩『革命とナショナリズム——1925-1945』・久保亨『社会主義への挑戦——1945-1971』(2010, 11)があります。これら以外にも、手軽に読めるものとして、市古宙三『中国の近代』(世界の歴史 20、河出文庫、1990)、小島晋治他『中国近現代史』(岩波新書、1986)、並木頼寿他『中華帝国の危機』・狭間直樹他『自立へ向かうアジア』(世界の歴史 19・27、中公文庫、2008, 9)などがあります。

しits前に、〈清朝〉の末期を代表する人物、西太后(1835-1908)に触れておきましょう。

中国東北地方を居住地とした〈満洲族〉が、17世紀半ばに打ち立てた清朝は、18世紀、康熙・乾隆帝の時代に最盛期を迎えました。しかし19世紀に入ると、衰えが目立ち、特に1840年に始まる〈アヘン戦争〉で英国に敗れ、1850年からの激しい内乱、〈太平天国の乱〉に見舞われて以後は、斜陽の時代を迎えます。そんな落日の清朝を、「帝母」として支えたのが、西太后でした。咸豊帝(1831-61)の后として後宮に入った西太后は、夫の死後、息子の同治帝(1856-75)を帝位につけて補佐、権力を掌握します。同治帝の死後も、妹の息子を光緒帝(1871-1908)として即位させ、権力を振るいつづけました。

図1-1　西太后

清朝を打倒した中華民国以降、私情を政治の場に持ち込み、中国を弱体化させた元凶と見なされた西太后は、力を握るためには手段を選ばず、政敵に容赦なかった、希代の悪女としてイメージされてきました。しかし近年では、数々の悪女伝説は否定され、また清末を代表する政治家、李鴻章(1823-1901)を重用するなどして衰退する清朝を建て直し、大清帝国最後の光芒を放った人物として、再評価されつつあります。[2]

今から百年前の中国の姿を知りたければ、上海から長江沿いに内陸の四川省まで旅した、英国の旅行家、イザベラ・バードの『中国奥地紀行』

---

[2] 西太后、また19世紀後半に形作られた、現代へとつながる中国社会の原型については、加藤徹『西太后――大清帝国最後の光芒』(中公新書、2005)が、巻を措くあたわずの快著です。

10

（金坂清則訳、平凡社東洋文庫、2002）が格好の読み物としてお薦めです。

辛亥革命と孫文

　西太后時代の末期、1894年に始まる〈日清戦争〉敗戦を契機に、弱体化した国家を立て直すため、**康有為**（1858-1927）や**梁啓超**（1873-1929）による、〈戊戌変法運動〉が展開されますが、短期間で失敗に終わります。しかし、西太后の死後すぐの1911年、〈辛亥革命〉が起こりました。約250年もつづいた清朝が倒れ、〈中華民国〉の建国となったのです。辛亥革命前後の混乱した世相のなかで少年時代を過ごした、**郭沫若**の『私の幼少年時代・辛亥革命前後——郭沫若自伝1』（小野忍訳、平凡社東洋文庫、1967）を読むと、時代の雰囲気がよくわかります。

図1-2　孫文

　この辛亥革命において「革命の父」と呼ばれたのが、**孫文**（1866-1925）です。広東省に生まれ、ハワイで学んだ孫文は、清朝打倒を目指して何度も武装蜂起を企てますが、ことごとく失敗に終わります。しかし海外の〈華僑〉たちを味方に、不撓の精神で革命運動を展開、それが波及して、辛亥革命へと結実しました。また、孫文の革命運動の拠点の一つは日本の横浜や神戸で、日本人も多く関わりました。その代表的人物である**宮崎滔天**の回想録、『三十三年の夢』（岩波文庫、1993）は、忘れがたい印象を残す一冊です。[3]

　辛亥革命の裏側で、幼くして即位するも、清朝のラストエンペラーと

　3　孫文については、堀川哲男『人類の知的遺産63——孫文』（講談社、1983）が読みやすく、孫文と関わった日本人については、保阪正康『孫文の辛亥革命を助けた日本人』（ちくま文庫、2009）が面白い。

なった、**愛新覚羅溥儀**(1906-67)は、その後日本による満洲国建国と関わり、風波のたえない生涯を送ることになります。溥儀の自伝『**わが半生——「満州国」皇帝の自伝**』(小野忍他訳、ちくま文庫、1992)は、興味津々の読み物として、また詳細な時代の記録として読むことができます。[4] また溥儀の家庭教師だった、英国人**ジョンストン**の記録、『**紫禁城の黄昏**』(入江曜子他訳、岩波文庫1989)も、清朝帝室の記録として、興味深く読めるでしょう。

図 1-3　愛新覚羅溥儀

北伐と蔣介石、日中戦争へ

中華民国は、1919年の〈**五四運動**〉、その前後に展開された〈**新文化運動**〉を経て、ようやく本格的な近代化の時代を迎えます。五四運動は、第一次大戦後の1915年、日本政府が中国につきつけた〈**二十一カ条の要求**〉〔中国におけるドイツ利権の継承など、帝国主義的な要求〕に対する学生の反発運動から始まりました。そして近代化をいっそう推し進めたのは、**蔣介石**(1887-1975)率いる〈**中国国民党**〉による全国統一、〈**北伐**〉でした。

浙江省に生まれた蔣介石は、日本の陸軍士官学校に留学、帰国後国民党の軍人養成学校の校長を務め、1926年には、国民革命軍総司令として北伐を開始します。1927年、それまで手を組んでいた共産党を攻撃し、政権を確立。孫文夫人**宋慶齢**(1893-1981)の妹、**宋美齢**(1899-2003)と結婚し、孫文の後継者として、国民党政府を指導しました。[5]

　4　溥儀については、入江曜子『溥儀——清朝最後の皇帝』(岩波新書、2006)があります。
　5　蔣介石については、野村浩一『蔣介石と毛沢東——世界戦争のなかの革命』(岩波書店、1997)。

第1章　歴史　波乱万丈! 英雄豪傑才女の中国近現代史

　1928年の北伐完了から、1937年に始まる日中戦争までの約10年間は、中華民国の黄金時代です。統一国家となった中国は、政治や経済の面での成長がいちじるしく、道路や鉄道網の整備も進み、文化の面でも華やかな活動が見られました。中でも、古都〈北京(ペキン)〉は、清末以降も政治や教育の中心地として、〈租界(そかい)〉〔外国人の特権的な居留地〕の置かれていた都市〈上海(シャンハイ)〉は、経済や文化の中心地として輝きを放ちました。特に上海は、東京をもしのぐ経済力を背景に、空前の繁栄を見せます。[6] 北京の庶民の生活については、**羅信耀(らしんよう)『北京風俗大全——城壁と胡同の市民生活誌』**(藤井省三他訳、平凡社、1988)が詳細に語って愉快に読め、「魔都(と)」と呼ばれた上海の明と暗については、放浪の詩人、**金子光晴(かねこみつはる)**の回想**『どくろ杯』**(中公文庫、2004)が、一読心に残るでしょう。金子は、日本語書籍を扱っていた内山書店で、中国の文豪魯迅(ろじん)(1881-1936)らと交流を持ちます。上海は、経済のみならず、日中の文化が交錯する場所でした。

　しかし1930年代に入ると、日本が大陸へと露骨な侵略を開始します。1931年、中国東北地方の奉天〔現在の瀋陽(しんよう)〕郊外で起きた〈柳条湖事件(りゅうじょうこじけん)〉を機に、日本の満洲駐留部隊である〈関東軍〉が、東北地方全域を制圧、1932年に日本の傀儡(かいらい)国家である〈満洲国〉が創(つく)られました。[7]

図1-4　蒋介石

　6　北京については、加藤祐三『世界繁盛の三都——ロンドン・北京・江戸』(NHKブックス、1993)、倉沢進・李国慶『北京——皇都の歴史と空間』(中公新書、2007)が楽しい。上海については、村松伸『図説上海——モダン都市の150年』(河出書房新社、1998)、榎本泰子『上海——多国籍都市の百年』(中公新書、2009)を薦めたい。
　7　満洲国については、山室信一『キメラ——満洲国の肖像』(中公新書、2004)、小林英夫『〈満洲〉の歴史』(講談社現代新書、2008)。

その後も日本の侵略はやまず、1937年に北京郊外で起きた〈盧溝橋事件〉を契機に、日中の全面戦争、〈日中戦争〉に突入します。南京にあった国民党の政府は、武漢、重慶と、内陸へ移動し、徹底抗戦します。戦場の兵隊はもちろん、日中の銃後の国民が、戦時体制のもと悲惨な日々を送る、泥沼の長期戦となりました。日本軍の侵略で青春をずたずたにされながらも、志を高く持って学問に励んだ当時を回想する、齊邦媛『巨流河』（池上貞子・神谷まり子訳、作品社、2011）は、中国側から見たこの戦争の記録です。日中の戦争は、やがて1941年に始まる〈太平洋戦争〉〔第二次世界大戦の一部〕において、日本が米国に敗れ、中国を含む連合国に降伏することで終わりを告げます。

中華人民共和国と毛沢東、文革

　第二次大戦の終結は、中国にとって平和の到来ではありませんでした。国民党と共産党の内戦が本格化したためです。4年後の1949年、勝利した〈中国共産党〉が、〈中華人民共和国〉を打ち立てます。その立役者こそ、湖南省生まれの革命家、毛沢東（1893-1976）でした。

　中国共産党は1921年に設立されましたが、国民党政府の弾圧を受けます。1934年からは本拠地を、江西省から陝西省の延安へと移す、1万2千キロの大移動、〈長征〉に出るなど、苦難の日々がつづきます。毛沢東が指導権を獲得後、日中戦争下に勢力を拡大、内戦で勝利しました。これら、共産党が天下を狙う波乱万丈の物語は、**エドガー・スノー**の『中国の赤い星』（松岡洋子訳、ちくま学芸文庫、1995）や、**アグネス・スメド**

8　日中戦争については、臼井勝美『日中戦争――和平か戦線拡大か』（中公新書、2000）、小林英夫『日中戦争――殲滅戦から消耗戦へ』（講談社現代新書、2007）などがあります。

9　毛沢東については、ジョナサン・スペンス『毛沢東』（小泉朝子訳、岩波書店、2002）をお薦めします。アメリカの中国史学者スペンスには、『マッテオ・リッチ――記憶の宮殿』（古田島洋介訳、平凡社、1995）、『神の子洪秀全――その太平天国の建設と滅亡』（佐藤公彦訳、慶應義塾大学出版会、2011）といった、きわめて面白い歴史書があります。また高島俊男『中国の大盗賊・完全版』（講談社現代新書、2004）は、毛沢東にいたる、異常なほど面白い中国史です。

第 1 章　歴 史　波乱万丈！英雄豪傑才女の中国近現代史

レーによる朱徳（1886-1976）の伝記、『偉大なる道』（阿部知二訳、岩波文庫、1977）に、生き生きと描かれています。毛沢東は中華人民共和国を作り上げた、20世紀中国の最大の英雄となります。一方、蒋介石は国民党を率いて台湾に逃れ、「反共の砦」〔共産主義に反対する拠点〕として中華民国を存続させました。

しかし、人民共和国が建国、中国が列強に侵略される苦難の時代を脱したからといって、穏やかな社会、豊かな生活がもたらされたわけではありません。1957年、共産党の独裁を強めるために展開された、〈反右派闘争〉では、知識人たちが批判の対象となりました。迫害された知識人の娘、章詒和の『嵐を生きた中国知識人――「右派」章伯鈞をめぐる人びと』（横澤泰夫訳、集広舎、2007）は、鎮魂の記録です。

図1-5　毛沢東と周恩来

知識人たちが口をつぐみ、批判者を失った毛沢東は、急速な社会主義化を進めようと暴走、1958年に始まる〈大躍進運動〉は、農業や工業を混乱させ、躍進どころか大飢饉を招いてしまいます。当時の毛沢東の「皇帝」ぶりは凄まじく、主治医として仕えた李志綏の手になる、『毛沢東の私生活』（新庄哲夫訳、文春文庫、1996）は、毛沢東という人物の表裏を、丹念、執拗に描き、夜に一人で読むことを勧められないほどの恐ろしい迫力です。

10　中華人民共和国の歴史については、国分良成『中華人民共和国』（ちくま新書、1999）、天児慧『中華人民共和国史』（岩波新書、1999）があります。また極めてリーダブルな1冊に、池上彰『そうだったのか！中国』（集英社文庫、2010）があります。

11　文化大革命については、矢吹晋『文化大革命』（講談社現代新書、1989）が読みやすく、詳細なものとしては、厳家祺・高皋『文化大革命十年史』（辻康吾他訳、岩波現代文庫、2002）があります。

劉　少奇（1898-1969）や鄧小平による修正政策が成功すると、自身の権力が損なわれていると感じた毛沢東は、1966 年、〈プロレタリア文化大革命〉〔〈文革〉と略称〕を起こし、権力の奪還を目指します。毛沢東の片腕として文革を動かしたのは、妻の江青（1914-91）ら、〈四人組〉と呼ばれた人々です。共産党の古くからの指導者で、人民共和国の首相、周恩来（1898-1976）にも、事態の悪化を止めることはできませんでした。[11]

　文革は、当時を生きた人々の心に大きな傷跡を残しました。人間がいかに非人間的になれるのか、その実験のような場でも、毅然と生きた人々がいます。鄭念『上海の長い夜』（篠原成子他訳、朝日文庫、1997）はその一つですし、ややロマンスめいてはいますが、ユン・チアン（張戎）『ワイルド・スワン』（土屋京子訳、講談社文庫、1998）も、時代の証言の一つです。

改革開放と鄧小平

　1976 年に毛沢東が死去、四人組が打倒され、文革が終息した後、中国の「最高指導者」となったのが、鄧小平（1904-97）です。権力闘争にいくども負けながら、しぶとく生き残り、最後に笑う男となりました。[12] 鄧小平は疲弊した中国の経済を立て直すため、市場経済への移行を進める、〈改革開放〉を強力に推進しました。現在の経済大国中国を作り出した演出家は、鄧小平であると言えます。

　経済の市場化が進むにつれ、知識

図 1-6　鄧小平

12　鄧小平については、矢吹晋『鄧小平』（講談社学術文庫、2003）が読みやすいです。

人や学生のあいだから、政治の民主化を求める声が上がり始めます。しかしその声は、1989年、〈天安門事件〉で弾圧に遭い、押し潰されました。多くの海外亡命者を出したこの事件以降、中国の民主化は頓挫したまま、経済の市場化のみが一方的に推し進められています。

　日本史と比べても、大事件や大人物の多かった中国史は、多くの未来への教訓を与えてくれます。しかし中国は、その動向がまだ安定したとはいえません。21世紀に入って、中国は経済的には発展しつつも、貧富の格差、大気・水質汚染などの公害、遅れる政治の民主化、民族間の摩擦など、数多くの問題を抱えています[13]。すぐ近くの、巨大で、動きの多い国中国から、当分目を離すことはできないでしょう[14]。

　13　清水美和『「中国問題」の核心』・『「中国問題」の内幕』（ちくま新書、2008, 9）は、中国が現在抱える問題を、的確に指摘しています。
　14　内田樹『街場の中国論』（増補版、ミシマ社、2011）は、中国の動向を見つめる上で独特の視角を教えてくれます。

読んでみよう・調べてみよう！

1. 中国近現代史を彩った人物、西太后・孫文・蔣介石・毛沢東・鄧小平などについて、伝記を読み、報告しよう

2. 時代の証言である、中国共産党の発展過程のルポ（スノー、スメドレー）、文化大革命の記録（李志綏、鄭念、ユン・チアン）などを読み、極限状態の人間の行動や心理について報告しよう

3. 20世紀の中国史と日本史を比べ、どのような共通点・相違点があるか報告しよう

第2章
言 語

内なる多様性、外とのつながり

　「中国語」という語から想像されるのはどんなことばでしょうか。中国人が話していることば？　それとも中国で話されていることば？　多民族国家である中国は、同時に多言語国家でもあり、「中国人」が話すことばもさまざまです。本章では、中国という国のなかでどんな言語が用いられているか、そしていわゆる「中国語」が中国の内側と外側でどのように用いられてきたかをたどってみましょう。

「中国語」ってどんなことば？

　わたしたちが一般にいう「中国語」とは、〈漢民族〉の用いる〈漢語〉を指します。漢語は言語学的には〈シナ・チベット語族〉に含まれます。文型としては主語＋動詞＋目的語を基本とし、文中の語は一つ一つが独立して意味を持つ〈孤立語〉であり、〈高低アクセント〉をもつ〈声調言語〉です。語彙の面では一音節でつくられている語を基本とする〈単音節言語〉であり、助数詞を有するという特徴が見られます[1]。

　上に挙げたのは漢語全般に共通する特徴ですが、そのなかでさらに複数の〈方言〉に分類されます。まず、中国北部及び西南地域で用いられる諸方言は〈官話方言〉と呼ばれ、中国では漢語を話す人の三分の二以上がこのグループに属することばを話しています。現在標準語

---

[1] 語学として中国語を学びたいという時、中国語文法の全体図を描いた入門書としては相原茂『はじめての中国語』（講談社現代新書、1990）や木村英樹『中国語　はじめの一歩』（ちくま新書、1996）があります。それ以上の文法の知識がほしくなったら、輿水優・島田亜実『中国語　わかる文法』（大修館書店、2009）が詳しい解説で有用です。

として広く用いられている〈普通話〉は、〈北京語〉の発音を標準音とし、官話方言の語彙を基礎として規範化されたものです。[2]日本で皆さんが学習する「中国語」も、実は普通話を指しています。普通話は英語でMandarin Chinese、台湾では〈国語〉、シンガポールやマレーシアなどの地域では〈華語〉と呼ばれています。なお、北京方言である北京語は普通話とかなり近いものの、決して同じでないことは注意が必要です。[3]

　南方で用いられる方言は、〈呉方言〉(上海周辺と揚子江デルタ地域)、〈湘方言〉(湖南省)、〈贛方言〉(江西省)、〈粤方言〉(広東省・広西チワン族自治区)、〈閩方言〉(福建省及び南部沿海地域)、〈客家方言〉(四川省から台湾にかけて点在)の6グループに分かれます。これらの方言はそれぞれ漢字の使用によって結びついていますが、異なる方言グループでは互いに話が通じないほど大きな差が見られます。

　日本でも比較的接する機会の多い方言をいくつか紹介してみましょう。呉方言に属することばでよく知られるのは〈上海語〉でしょう。実際の音声は侯孝賢(1947-)監督の映画『フラワーズ・オブ・シャンハイ』[4]で聞くことができます。粤方言に属する〈広東語〉は香港映画でよく耳にするでしょう。閩方言では、台湾映画などで聞くことができる〈閩南語〉が日本でも耳にする機会が多いかもしれません。福建省のアモイなどの地域で話されることばですが、東南アジアではHokkien(福建語)、台湾では〈台語〉と称されることが多く、日本でも語学書や辞書は多く「台湾語」の名称で出版されています。田村志津枝『初めて台湾語をパソコンに喋らせた男——母語を蘇らせる物語』(現代書館、2010)からは「台湾語」の置かれた歴史的文脈を知ることができます。上に挙げた方言は、いずれも日本で学習教材が出版されており、独学すること

　2　2001年に施行された「中華人民共和国国家通用語言文字法」によって「普通話」は「国家通用言語」に定められました。

　3　この相違は遠藤光暁『中国語のエッセンス』(白帝社、2006)に細かく説明されています。

　4　映画で用いられているのは上海語ですが、原作である清末の花柳小説、韓邦慶『海上花列伝』は同じ呉方言に属する蘇州語で著されたことでもよく知られています。

第 2 章　言語　内なる多様性、外とのつながり

も可能です。[5]

　また、漢語が用いられているのは中国国内だけではありません。シンガポールやマレーシアといった東南アジアの国々には、多くの〈華人(かじん)〉が暮らしており、現地のことばや英語と併用して普通話や漢語諸方言が

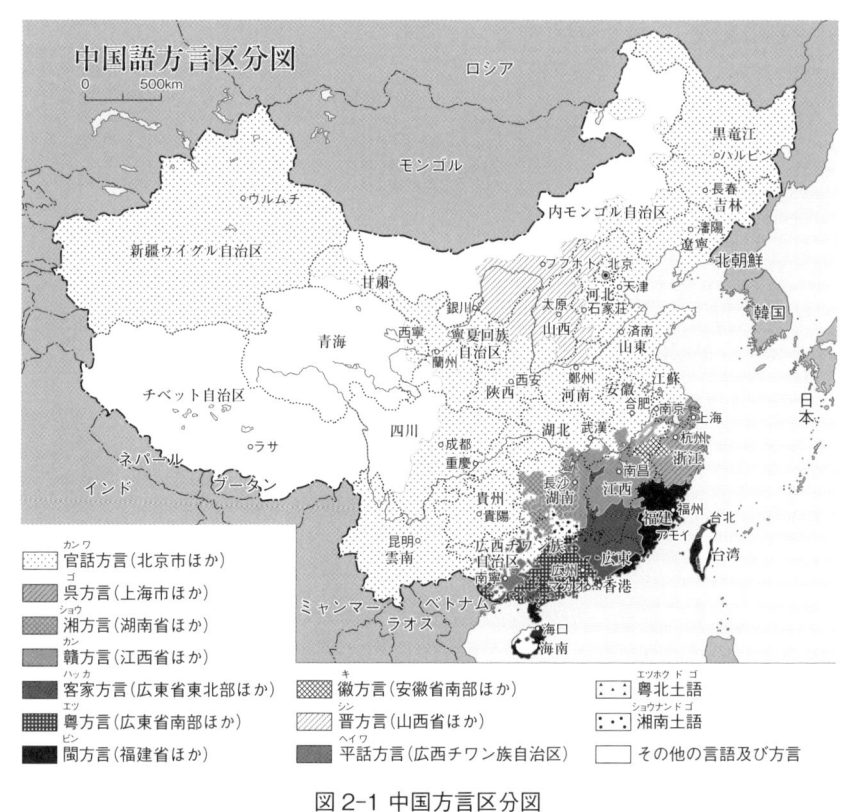

図 2-1 中国方言区分図
『デイリー・コンサイス日中・中日辞典　第三版』三省堂 2013 を元に作成

5　日本で刊行された教材としては榎本英雄・范暁『ニューエクスプレス　上海語』（白水社、2010）、飯田真紀『ニューエクスプレス　広東語』（白水社、2010）、村上嘉英『ニューエクスプレス　台湾語』（白水社、2009）などがあります。辞書では千島英一編著『東方広東語辞典』（東方書店、2005）、村上嘉英『東方台湾語辞典』（東方書店、2007）が使いやすいでしょう。『東方広東語辞典』には映画のせりふを含むさまざまな用例が集められており、ことばの背後の文化を知るにも役に立ちます。

用いられています。シンガポールの街角では福建語をよく耳にしますし、マレーシアの〈クアラルンプール〉では、広東語がわかれば買い物などの日常生活には支障はないでしょう。マレーシア華人の複雑な言語状況は、同国出身の歌手・阿牛(アニゥ)（陳慶祥、1976-）の「Speak My Language」（『唱歌給你聽』、滾石唱片、1998）で英語に華語・福建語・広東語の語彙を交えつつ歌い込まれています。

中国で話されている様々な言語

さて、前節で触れたのは〈漢民族〉の用いることばですが、では中国国内の漢民族でない人々はどんなことばを話すのでしょう？ 中国では、漢民族以外の人々のことをまとめて〈少数民族〉と呼んでいます。ここではごくわずかですが例を挙げて紹介してみましょう。

まず、下の百元紙幣に印刷された文字（図2-2）を見て下さい。

図2-2 中国紙幣（部分）

一番上に「ZHONGGUO RENMIN YINHANG」とアルファベットで記されています。これは"中国人民銀行"の普通話の読みを示したものです。二段目の左側には縦書きの〈モンゴル文字〉で〈モンゴル語〉が記され、右には〈チベット文字〉で〈チベット語〉が表記されています。三段目の左側は〈アラビア文字〉で表記された〈ウイグル語〉、右側はアルファベットで綴られた〈チワン語〉です。これらはそれぞれ、〈モンゴル人〉・〈ウイグル人〉・〈チベット人〉・〈チワン人〉によって用いられることばです。

それぞれの民族については本書第13章を読んでもらうとして、ここでは言語の面からいくつかの例を紹介しましょう。

第 2 章　言語　内なる多様性、外とのつながり

　中国の少数民族のうち、日本にいて接する機会が多いのは〈朝鮮族〉の人々かもしれません。かれらは中学校や高校ですでに日本語を学んでいるケースが多く、留学や仕事で日本を行き先に選ぶ人も珍しくないからです。民族のことばは〈朝鮮語〉ですが、漢語と朝鮮語をどの程度の比率で用いるかは居住地域や生活環境によって差があるようです。朝鮮語で教える学校に通うか、漢語で教える学校に通うかによっても当然異なるでしょう。それでも読む・書く・話すのすべての面で朝鮮語と漢語の両方を使いこなす人が多く見られます。朝鮮語の表記には、中国でも〈ハングル〉が用いられます。**チャン・リュル**（張律、1962-）監督の映画『**キムチを売る女**』(2005。日本版 DVD はオンリー・ハーツより 2008 年に発売)には、故郷を離れて漢民族の町に暮らす母子の姿が描かれており、朝鮮語から遠ざかってしまう幼い息子に、母が手製のカードでハングルを教えようとする場面が見られます。

　一方、同じように国境を隔てて居住地の広がる〈モンゴル人〉の場合は、複数の表記システムが採られています。同じモンゴル語を書き表すのに、モンゴル国では横書きの〈**キリル文字**〉が中心に用いられているのに対し、中国国内では縦書きの〈**モンゴル文字**〉が使われています。つまり、同じ言語でも国境を越えると異なる文字によって記されるという、民族分断の歴史的経緯を知らなければ[6]、ちょっと不思議に思われる状況が見られるのです。なお、モンゴル語の表記では、**フビライ・ハン**（1215-1294）がチベット僧に命じて作らせた〈パスパ文字〉が用いられた時期もありました。[7] 音声としては、たとえば全編モンゴル語で内モンゴルの草原に暮らすこどもたちの日々を描いた寧浩（ニン・ハオ）(1977-)監督の映画『**モンゴリアン・ピンポン**』(2005。日本版 DVD はダゲレオ出版より 2008 年に発売)で聞

　6　現在ではモンゴル人の居住地域は、モンゴル国、中華人民共和国〔内モンゴル自治区を中心〕、ロシア連邦のブリヤート共和国に分断されています。その歴史的経緯は、田中克彦『モンゴル ── 民族と自由』（岩波同時代ライブラリー、1992）や『草原の革命家たち ── モンゴル独立への道』（中公新書、1973）に詳述されています。
　7　パスパ文字についての紹介は、中野美代子『砂漠に埋もれた文字 ── パスパ文字のはなし』（ちくま学芸文庫、1994）に尽くされています。

くことができます。

　少数民族には、自分たちの民族のことばと漢語、あるいはそれに加えて隣接する地域に暮らす民族のことばというように、複数の言語を使って暮らしているケースがある一方、現在は漢語を第一言語とする〈満洲人〉[8]や〈回人〉のような人びともいます。

　ここではすべての民族のことばを取り上げることはできませんが、S.R. ラムゼイ『中国の諸言語——歴史と現況』（大修館書店、1990）に網羅的な記述があります。また、ことばはその話者の文化と切り離してとらえることはできません。中国のみならず国境を越えて広がる北方諸民族のことばと文化を知るには、言語学者たちの現地調査の様子がそれぞれ生き生きとつづられる『北のことばフィールド・ノート——18の言語と文化』（津曲敏郎編、北海道大学図書刊行会、2003）も魅力的な一冊です。南に目を転じれば、雲南の〈ナシ人〉のことばを切り口に、文字に焦点を絞って解説した西田龍雄『漢字文明圏の思考地図——東アジア諸国は漢字をいかに採り入れ、変容させたか』（PHP研究所、1984）があります。個別の言語を解説した本にも色々ありますが、手に取りやすいものでは『CDエクスプレス　チベット語』（星実千代、白水社、2004）などが挙げられます。

中国語の歴史

　中国語（漢語）はその長い歴史のなかで、他の言語からの影響を受けつつ変遷を遂げてきました。特に元代にはモンゴル語、清代には満洲語から様々な語彙を吸収しています。北京の街を散策すると、今なお下町の雰囲気を残す路地をいくつも目にするでしょう。中国語でこれら路地を指す"胡同"という語も、満洲語に由来すると言われています。

　文法の面では中国語の書きことばは大きく二種類に分かれます。日本の学校で〈漢文〉として教えられる、古典中国語に基づく文章語である

　8　満洲語の話者は現在では極めて少なくなっていますが、その歴史や文化も含め津曲敏郎『満洲語入門20講』（大学書林、2002）に文法の体系的な紹介があります。

〈文言文〉と、近世の話しことばに基づく〈白話文〉です。中国の知識人が文章を書く時、古来用いられてきたのは文言文でした。特に司馬遷の『史記』のような歴史の記録や、『論語』にはじまる儒学に関する学問的な著述には主に文言文が用いられたのです。

一方、宋代には寄席演芸が盛んになり、〈開封〉のような都市では様々な語り物が演じられて人気を博したことが記録されています。加えて元代には〈雑劇〉と呼ばれる芝居が盛んになり、モンゴル統治下で官吏としての出世の望みを失った〈漢人〉（漢民族）の読書人たちは、これに筆を染めることで鬱屈を晴らしました。これらの語り物や芝居が読み物として文章化される際には、話しことばに近い白話文が用いられました。白話文が最も発展したのは小説の分野で、明代に成立した『三国志演義』『西遊記』『水滸伝』『金瓶梅』といった長編の〈章回小説〉はいずれも白話文で著されています。[9]

主流の地位にあった学問・思想的著述が文言文で行われ、小説などの娯楽読み物には白話文が用いられるという、二つの文体の並立状況は近代まで続きました。1919年の〈五四運動〉前後に展開された〈新文化運動〉に至って、明清の旧白話を改良した新しい白話文の使用が提唱され、白話文が文言文に代わる地位を得たのです。現在では、新聞や雑誌などの文章もすべてこの時に改良された白話文で記されるようになりました。

また、近年の中国語をめぐる現象については、パソコンの普及を抜きに語ることはできません。本来「囧」（中国語での発音は jiǒng）は、「輝く」さまを意味する漢字ですが、2001年頃からチャットや SNS での書き込みなどであたかも顔文字のように用いられるようになり、日本発祥の「orz」（がっくりと膝をついた姿で失意・落胆のさまを表す）と組み合わせて「囧rz」といった用法も見られるようになりました。流行り廃りの激し

9　近世までの白話文法については、入門としては大島正二『中国語の歴史——ことばの変遷・探究の歩み』（大修館書店、2011）がわかりやすいでしょう。同著者には中国音韻学についての入門書『唐代の人は漢詩をどう詠んだか』（岩波書店、2009）もあり、YouTube チャンネル「KanshiPoetry」（http://www.youtube.com/user/KanshiPoetry）を通じて推定される唐代長安音と現代北京音を聞き比べることができます。

いネット流行語には珍しく現在まで命脈を保っています。2012年7月には中国の代表的な辞書『現代漢語詞典』（商務印書館）の第六版が刊行され、ネット由来の流行語を新語としていくつも収録したことで話題になりました。たとえば、芸能人のファンを表す"粉丝"（粉絲、fěnsī）は本来「（食材の）はるさめ」を意味する語ですが、英語のfansの音訳として用いられるようになっています。規範性を認められる『現代漢語詞典』に収録されたことでこの用法も市民権を得たといえるでしょう。

漢字と疑似漢字・そのほかの文字

　続いて、〈漢字〉について見てゆきましょう。これまで見てきたように、方言間の差が大きい中国語を一つに結びつけているのは、漢字によるところが大きいといえるでしょう。普通話が普及する前、発音だけでは相互にほとんど理解できない方言を話す人同士でも、漢字を用いて文通することに支障はありませんでした（もっとも、互いに漢字の読み書きができるだけの教育を受けているということは大前提ですが）。それどころか、かつては朝鮮、ヴェトナム、日本といった全く異なる言語を話す地域の人々とも、中国語文言文である漢文の筆談による意思疎通が可能でした。漢字・漢文は、互いに相手のことばが理解できなくてもコミュニケーションをとるための手段として、東アジアでは大きな役割を果たしていたのです。

　〈甲骨文字〉に始まり、どのように漢字が用いられ研究されてきたかを紹介する本のなかでは、**阿辻哲次『漢字のはなし』**（岩波ジュニア新書、2003）が簡にして要を得た記述で読みやすいでしょう。愛麗絲ちゃんと一緒にウサギに導かれ、**佐々木睦『漢字の魔力——漢字の国のアリス』**（講談社選書メチエ、2012）でめくるめく漢字の世界を体験するのもおすすめです。

　ただし、漢字学習の負担は中国でも大きな問題でありました。中国の近代国民国家としての出発に際し、中国語も文体面の改革だけではなく、全国民が共通に理解できるよう発音を統一し、文字も学習の負担を減らすべく簡略化することが求められていました。1918年には中華民国政

府教育部から〈注音字母〉〔1930年に〈注音符号〉に改称〕という表音文字が公布され、1920年には小学国語教科書にも発音記号として採用されました。

　中華人民共和国成立後の1956年頃から、普通話が全国で推進され、今では中国全土に通じる共通語となっています。時を同じくして毛沢東主導により文字改革も図られ、1958年にはアルファベットを用いて中国語の発音を表記する法律が全国人民代表大会で批准され、1956年から59年にかけては漢字そのものの簡略化を目的とした法律が公布されました。そして、計517の〈簡体字〉〔または〈簡化字〉〕が正式に使用されることになったのです。[10] 発音を表す〈拼音〉と簡体字はいずれも現在も変わらず用いられています。ただし、香港と台湾では漢字を簡略化することなく、今でも〈繁体字〉が用いられていますし、台湾ではピンインではなく引き続き注音符号が用いられています。日本での通行の字体の「塩」は簡体字では「盐」、繁体字では「鹽」となりますし、同じ字の発音をピンインで表記すると「yán」、注音符号では「ㄧㄢˊ」となります。

　さらに、私たち日本語を用いる者にとっては、日本語のなかにどのように漢字が採り入れられたかも一大関心事です。高島俊男『漢字と日本人』（文春新書、2001）、大島正二『漢字伝来』（岩波新書、2006）などがその疑問に答えてくれます。[11] 現在、日本語は主に漢字・ひらがな・カタカナの三種類の文字で書きあらわされていますが、表記システムとしては複雑である一方、特に文学作品においては翻訳家の柳瀬尚紀が『日本語は天才である』（新潮文庫、2009）に説いているように、その複雑さが表現の幅を広げるのに一役買っているという側面は否めません。一方で、田中克彦『漢字が日本語をほろぼす』（角川SSC新書、2011）のように漢

　10　漢字の簡略化及び表音文字の作成を含む漢字の歴史は、武田雅哉『蒼頡たちの宴──漢字の神話とユートピア』（ちくま学芸文庫、1998）に豊富な図版と共に詳述されています。

　11　日本における漢字を論じた本はたくさんありますが、他には笹原宏之『訓読みのはなし──漢字文化と日本語』（角川ソフィア文庫、2014）も外せない一冊でしょう。

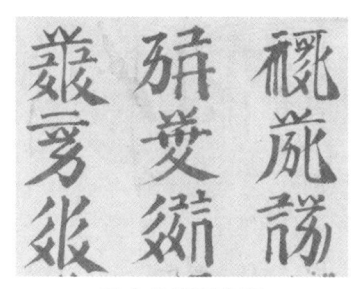

図2-3 西夏文字

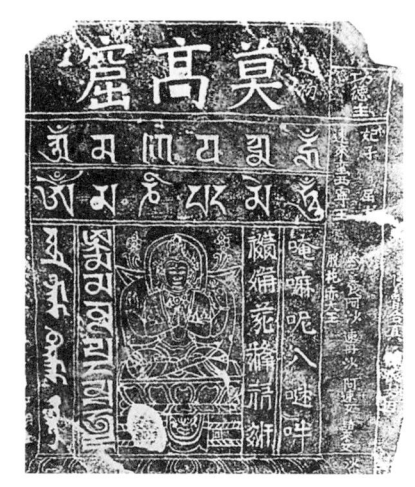

図2-4 敦煌莫高窟六體文字石刻
梵字・チベット文字・漢字・西夏文字・パスパ文字・ウイグル文字の六つの字体が刻されている

図2-5 トンパ文字

字の弊害(へいがい)を説く論者もいます。皆さんはどう考えるでしょうか。
　さて、漢字の話が続きましたが、漢字を用いる地域の周辺で生まれた疑似漢字には、〈**西夏文字**(せいか)〉（図2-3）[12]、〈**契丹文字**(きったん)〉、〈**女真文字**(じょしん)〉といった例があり、『**図説　アジア文字入門**』（東京外国語大学アジア・アフリカ言語文化研究所編、河出書房新社、2005）で豊富な図版を見ることができます。また、漢字と同じく象形文字として作られた文字には、雲南のナシ人の宗教儀式を司るトンパが用いる〈**トンパ文字**〉があります。この絵文字で記された〈**トンパ経**〉の語るナシ人の神話は、**西田龍雄**『**生きている**

---

[12] 西夏文字が主役とも呼べる存在感を示すコミック作品に、伊藤悠『シュトヘル』（小学館、2009年より現在まで1-9巻刊行）があります。

28

象形文字』(五月書房、2001) のほか、『ツォゼルグの物語——トンバが語る雲南ナシ族の洪水神話』(黒澤直道、雄山閣、2006) などで読むことができます。

東アジアに広がる中国語世界

　上に述べたように、漢字は互いのことばを理解せずとも互いに意思を通じ合うことができる、便利な道具として用いられていました。その一方で、通訳官としての職務や、商売上の必要から、漢字に頼るのではなく中国語そのものを学ぼうとする人びともいました。朝鮮で出版された会話学習帳『老乞大（ろうきつだい）』は、その中国語史における位置づけに関しては論議が分かれていますが、**『老乞大——朝鮮中世の中国語会話読本』**(玄幸子・金文京・佐藤晴彦、平凡社東洋文庫、2002) に詳細な注と解説が付されて翻刻されています。琉球での中国語学習については、**瀬戸口律子（せとぐちりつこ）『「琉球官話」の世界—— 300 年前の会話テキストが描く民衆の喜怒哀楽』**(榕樹書林がじゅまるブックス、2012) に親しみやすい訳で当時の会話教材が紹介されています。日本でも江戸時代には中国語を音声の側面にも注目して学ぶ唐話（とうわ）・唐音（とうおん）の学が白話学習と共に流行し、それは上田秋成（あきなり）や曲亭馬琴（ばきん）（きょくてい）に代表される読本の文体にも影響を与えました。

　また、中国語と日本語の境界について考えるには、**金文京（きんぶんきょう）『漢文と東アジア——訓読の文化圏』**(岩波新書、2010)、**齋藤希史（さいとうまれし）『漢文脈と近代日本——もう一つのことばの世界』**(NHK ブックス、2007) といった本が参考になるでしょう。すぐれて内部に多様性をはらむ中国語の世界は、外の世界にも広く通じ、それはわたしたち日本語話者にも直結しているのです。

読んでみよう・調べてみよう！

1. 中国で用いられていることばにはどんなものがあるだろうか。一つ選んでそのことばをどんな人たちがどんな地域で、どんな場面で使っているかを調べてみよう

2. 韓国やヴェトナムでは自分たちのことばを漢字で表記することは見られなくなっている。日本でも同様に漢字を廃することが可能だろうか。本文で紹介した本を一冊以上読み、どう考えるか自分の意見をまとめてみよう

3. 日本語で書く作家のリービ英雄は、『我的日本語 The World in Japanese』（筑摩選書、2010）において、「一人の作家が、ひとつの言語で書くと、その言語の歴史を全部背負う。あるいは対峙している。それを常に意識せざるをえない」（119頁）と記している。本文で紹介した本を一冊以上読み、リービ英雄のことばの意味を考えてみよう

第3章

文学1
清末から中華民国

伝統と変革の時代の文学

　ふだんまったくブンガクとは縁遠い生活をしている人でも、中国と言えばまず、『西遊記』や『三国志』などを思い浮かべる人は多いはず。今日でも映画やドラマ、漫画などで根強い人気を誇るこれらの小説は、中国文学の金字塔と言えます。この二作品は〈明代〉(1368-1644)までに形作られたものですが、〈清代〉(1644-1911)以降の新しい時代の作品と言われれば、一同みな「？」となるか、せいぜい魯迅(1881-1936)の名前が挙がればいいほうではないでしょうか。

　清代、とりわけ19世紀末の〈清末〉と呼ばれる時期は、それまで独自の長い歴史を誇る中国が外国の影響を受け、様々な変革を迎えた時代でした。そして1911年の〈辛亥革命〉によって、〈中華民国〉として新たに生まれ変わります。このころはそれまでの伝統文化と新しい諸制度がせめぎ合いを見せる、文字通り激動の時代なのです。当然、文学もダイナミックな変化を見せます。阿英『晩清小説史』（平凡社東洋文庫、1979）には、政治、社会が大きく変革したこの時期に生まれた様々な小説について記されています。

　本章では、清代までの作品をおさらいしつつ、通俗小説を中心に清末から中華民国期にかけて登場した文学について紹介します。[1]

　1　中国文学の通史として、興膳宏『中国文学を学ぶ人のために』（世界思想社、1991）、藤井省三、大木康『新しい中国文学史──近世から現代まで』（ミネルヴァ書房、1997）、魯迅『中国小説の歴史的変遷』（丸尾常喜訳注、凱風社、1987）などがあります。また台湾や香港を含めた二十世紀以降の文学史に、藤井省三『中国語圏文学史』（東京大学出版会、2011）があります。

清代までの小説

かつての小説が事実の記録として書かれていたのに対し、〈唐代〉(618-907)に入ると初めて個人の創作による小説が誕生します。〈伝奇〉と呼ばれるこの短編小説のジャンルは、書きことばを意味する〈文言文〉で書かれ、豊富な人物描写やドラマチックなストーリーを持つ「物語」でした。主人公たちは〈科挙〉の確立によって誕生した新興官僚やその受験生と美女〔〈才子〉と〈佳人〉〕で、女性たちは多くが〈妓女〉と呼ばれる花柳界の女性たちです。代表作の**白行簡「李娃伝」**(『唐宋伝奇集』、今村与志雄訳、岩波文庫、1988)は、〈長安〉に来た科挙の受験生が妓女の李娃と恋に落ちる物語ですが、こ

図3-1 『水滸伝』

のようなストーリーは〈才子佳人小説〉と呼ばれ、以後中国小説の重要なパターンとなります。伝奇の系統を受け継ぐものとして、清代には狐や化け物などの怪異の世界と人間との交流を描いた**蒲松齢『聊斎志異』**(立間祥介編訳、岩波文庫、1997)も生まれました。

一方、〈白話文〉〔話しことば〕で書かれた通俗小説の歴史は、〈宋代〉(960-1279)の盛り場で始まった講談を源流に持つ、明代のいわゆる〈章回小説〉に始まります。章回小説とは回に分けられ、ストーリーが講釈師の口調で語られる長篇ものを意味します。よく知られた『**西遊記**』『**三国志演義**』『**水滸伝**』『**金瓶梅**』は〈四大奇書〉と呼ばれ、後世に広く影響を及ぼしました。

ごく大雑把に説明するならば、『西遊記』は**三蔵法師**が**孫悟空**らお供を引き連れインドまで旅をする冒険小説、『三国志演義』は〈蜀〉の**劉備**と**諸葛孔明**を中心に〈三国時代〉(220-280)の戦乱を描いた歴史小説、

第3章　文学1　清末から中華民国　伝統と変革の時代の文学

そして『水滸伝』は108人の悪漢の英雄譚と、後に〈梁山泊〉に立てこもって反逆者集団を形成するアクションもの、ということができます。また『金瓶梅』は、『水滸伝』に登場する豪傑の武松が、浮気の果てに夫を毒殺した兄嫁、潘金蓮とその浮気相手を殺して復讐するというストーリーをふくらませ、金持ち連中の腐敗した生活と女性たちの性と欲望を描いた社会小説と呼ぶこともできます。[2] 中野美代子『西遊記――トリック・ワールド探訪』（岩波新書、2000）では、『西遊記』に巧妙に張り巡らされた驚くべき仕掛けについて、また高島俊男『水滸伝と日本人』（ちくま文庫、2006）では、江戸時代以降の日本人が『水滸伝』をどのように受容したかについて詳しく紹介しており、作品と合わせて読むのがおすすめです。

明代には〈三言二拍〉と呼ばれる短編小説集、すなわち馮夢龍編による『喩世明言』『警世通言』『醒世恒言』、凌濛初編による『初刻拍案驚奇』『二刻拍案驚奇』が誕生しました。これらはアンソロジー『今古奇観』（中国古典文学大系第37-38巻、平凡社、1970）で手軽に読むことができます。内容は恋愛もの、犯罪もの、幽霊ものと多種多様で、井波律子『中国のグロテスク・リアリズム』（中公文庫、1999）は、乾いた笑いで民衆の猥雑な生のエネルギーを描いた「グロテスク・リアリズム」と称して評価しました。[3]

次いで清代中期になると、通俗小説の巨峰、曹雪芹『紅楼夢』（伊藤漱平訳、平凡社ライブラリー、1996）が登場します。『紅楼夢』は広大な邸宅、〈大観園〉を舞台に、貴公子の賈宝玉と十二人の美少女たち〔〈金陵十二釵〉〕をめぐる豪華絢爛な物語絵巻です。物語の中心は賈宝玉と二人のヒロイン、林黛玉と薛宝釵ですが、結末で賈宝玉は薛宝釵との婚約を強いられ、林黛玉は失意のうちに亡くなってしまいます。やがて栄華を極めた賈家

2　〈四大奇書〉はそれぞれ岩波文庫などから完訳がでています。また、中野美代子『孫悟空の誕生――サルの民話学と「西遊記」』（岩波現代文庫、2002）、高島俊男『水滸伝の世界』（ちくま文庫、2001）、金文京『三国志演義の世界』（東方書店、2010）、日下翠『金瓶梅』（中公新書、1996）などもぜひ読んでみてください。

3　他にも大木康『中国近世小説への招待』（NHKライブラリー、2001）は、明清時代の通俗小説についてわかりやすく紹介しています。

も没落の一途をたどり、かつての華やかな時代も夢か幻か、というストーリーになっているのです。

清末の小説界革命とジャーナリズムの興隆

　中国の伝統的な文学観によると、漢詩や文言で書かれた文章こそが正統な文学であり、〈白話小説〉などは庶民の暇つぶしにすぎず、とるに足らないものとされてきました。このような状況に劇的な変化が起こるのが、清末でした。

　1840年の〈アヘン戦争〉以来、絶えず欧米列強の脅威にさらされるようになっていた中国では、亡国への危機感が高まっていました。ジャーナリストでもあり、清朝政府に政治改革を迫った〈戊戌政変〉(1898)の失敗によって日本へ亡命していた梁啓超(1873-1929)は、小説

図3-2　梁啓超

が日本で政治革新の力となっていることに注目し、1902年に「一国の民を新たにしようとするなら、一国の小説を新たにしなければならない」(「小説と政治との関係について」、増田渉、太田辰夫訳、『清末・五四前夜集』中国現代文学選集1、平凡社、1963)と述べ、小説を再評価したのです。そして自ら文学雑誌『新小説』(1902)を創刊し、「新中国未来記」(島田虔次抄訳、『清末民国初政治評論集』中国古典文学大系、平凡社、1971)のようなユートピア小説の執筆にも乗り出しました(〈小説界革命〉)。

　清末小説研究の第一人者、樽本照雄によれば、小説の発行数はこの時期から増加し始め、辛亥革命をはさんで1910年代までには、翻訳作品も合わせて空前の小説ブームを迎えます(樽本照雄『清末小説論集』

第 3 章　文学 1　清末から中華民国　伝統と変革の時代の文学

法律文化社、1992)。特に林紓(りんじょ)(1852-1924)はデュマ、シェークスピアなどの海外作品を中国語の美文に直して紹介した人物で、後世の作家たちに大きな影響を及ぼしました。

　小説大流行の背景には、上海を中心とした近代出版業の発達とジャーナリズムの興隆が不可欠でした。当時、英・米・仏の外国租界

図 3-3　『点石斎画報』

を持ち、海外の文化、産業を受け入れる先端地であった上海では、19世紀半ばから後半にかけてジャーナリズムが誕生し、出版事業が急成長しました。このころ、上海を代表する新聞『申報(しん)』(1872)、『新聞報』(1893)が、また近代中国最大の出版社である〈商務印書館(しょうむいんしょかん)〉(1897) が相継いで誕生しています。

　『申報』を発行していた申報館によって 1884 年、創刊されたのがリトグラフ〔板状の石灰石を利用した印刷技術で、石版印刷(せきはん)とも言う〕のニュース画報、『点石斎画報(てんせきさい)』です。絵師の呉友如(ごゆうじょ)が編集主任を務めたこの絵入り新聞は、当時の国内外の最新ニュースや西洋の最新テクノロジーの紹介、巷(ちまた)のウワサ話や怪談話にいたるまで、ありとあらゆる内容が盛り込まれた傑作です。『世紀末中国のかわら版——絵入新聞『点石斎画報』の世界』(中野美代子、武田雅哉編訳、中公文庫、1999)で手軽に触れることができます。[4]

---

[4] 他にも武田雅哉『清朝絵師呉友如の事件帖』(作品社、1998) があります。なお武田雅哉、林久之『中国科学幻想文学館』上・下 (大修館書店、2001) は、清末以降に誕生した中国の SF 小説について詳細に紹介したユニークな著書です。

官界批判と科挙制度の廃止

　清末小説の代表作、李宝嘉『官場現形記』（入矢義高・石川賢作訳、中国古典文学大系、平凡社、1968）、劉鶚『老残遊記』（岡崎俊夫訳、平凡社東洋文庫、1965）、呉趼人『二十年目睹之怪現状』は、伝統的なスタイルである章回小説の体裁を保ったまま、新聞や小説雑誌に連載されました。これらの作品は清末の時代状況を反映し、いずれも官僚の腐敗や社会の暗黒面を広く風刺した内容になっています。いわゆる〈譴責小説〉〔譴責は糾弾する、批判するの意〕とも呼ばれるこれらの作品群は、たくさんの人物や出来事が入れ替わり登場し、無数のエピソードが連なる構造になっているのが特徴です。

　ここに挙げた作品に少なからぬ影響を与えたのが、これより少し前の清代中期に生まれた風刺小説、呉敬梓『儒林外史』（稲田孝訳、中国古典文学大系第43巻、平凡社、1968）でした。この作品は「儒林」、つまり学問の世界に生きる知識人たちを徹底的に滑稽化して描き、科挙制度がいかに中国社会に深く根を下ろした「悪」であるか、ユーモアたっぷりに活写しています。[5]

　科挙は知識人にとって到達点であったばかりでなく、中国の政治、社会、文化の根幹をなす制度でした。宮崎市定『科挙』（中公新書、1963）を読むと、人々が死にもの狂いで合格をめざした「試験地獄」であったことがわかります。だがその科挙も、清朝政府の疲弊と西洋文化の流入に伴い、1904年には廃止が決定します。突如、科挙という目標を失った知識人たちは、新たな場に活路を見出さざるをえませんでした。先にあげた清末小説の作家たちは、多くが上海でジャーナリズムや出版物の発行に自ら関わった経歴を持つ、新しいタイプの知識人だったのです。

妓女たちの「恋愛」物語

　清末小説のなかで、曽樸『孽海花』（松枝茂夫訳、前掲『清末・五四前夜集』

---

[5] 井波律子『中国文章家列伝』（岩波新書、2000）では、「風刺作家」呉敬梓を紹介しています。

中国現代文学選集 1）は一風変わった作品になっています。外交官の金雯青(きんぶんせい)が妓女出身の妾、傅彩雲(ふさいうん)を伴ってヨーロッパへ任官した様子を軸に、北京の官界や諸外国の政治状況を描いた作品です。傅彩雲は公使夫人として華やかな社交生活を送るのですが、彼女は妓女であったがゆえに社交のプロとしてこれらを優雅にやってのけ、外国語を自在に操り、ときには外国人男性とのロマンスも愉しむ「近代女性」として登場するのです。傅彩雲は別名を**賽金花**(さいきんか)ともいう、実在の名妓(めいぎ)をモデルにしていました。

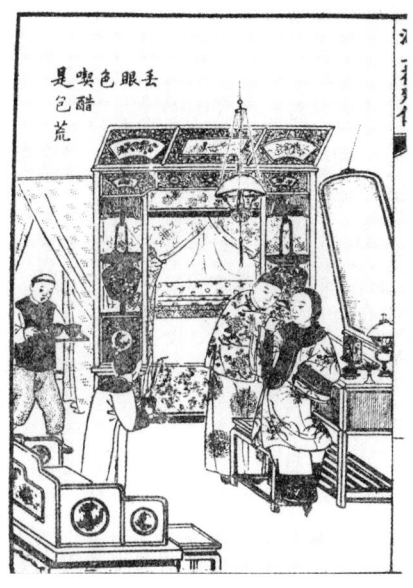

図 3-4　『海上花列伝』

　伝統的な規範によれば、良家の女性たちが家族以外の男性と自由に交際したり、恋愛することは不可能でした。そのようななかで、妓女は男性作家たちにとってきままな「恋愛」を愉しむことのできる相手だったのです。花柳小説、**韓邦慶**(かんほうけい)**『海上花列伝』**(かいじょうかれつでん)（太田辰夫訳、中国古典文学大系第49巻、平凡社、1969）[6]には、男性客たちの「恋人」として様々なタイプの妓女が細かく描き分けられています。一方、西欧型の自由恋愛の概念は、女子の〈**纏足**〉(てんそく)〔子供の時にきつく縛って足を小さく変形させた女児の風習〕の廃止や、学校教育を受ける権利と結びつき、革命的な出来事としてこのころ人々に迎えられたことが、**張競**(ちょうきょう)**『恋の中国文明史』**（ちくま学芸文庫、1997）を読むとよくわかります。[7]

　6　『海上花列伝』は、『フラワーズ・オブ・シャンハイ』（1998）のタイトルで映画化されています。妓女については、斎藤茂『妓女と中国文人』（東方書店、2000）、大木康『中国遊里空間――明清秦淮妓女の世界』（青土社、2002）などの本があります。

通俗小説その後

民国期に入ると、清末小説の持っていた社会批判性は次第に薄れ、娯楽小説が流行するようになります。〈鴛鴦蝴蝶派小説〉と呼ばれた娯楽小説群には、男女の三角関係を描いてベストセラーとなった徐枕亜『玉梨魂』(1912) などの〈言情小説〉〔恋愛もの〕、李涵秋『広陵潮』(1909) など都市風俗や社会を風刺した〈社会小説〉、1920年代にかけて人気を博したチャンバラものである〈武俠小説〉、そして英国のホームズものに触発されて誕生した〈探偵小説〉などの様々なジャンルがあり、出版されるとまたたく間に多くの読者を獲得していきました。[8]

図 3-5 『傾城の恋』

1930年代近くなると、近代通俗小説の帝王、張恨水 (1895-1967) が登場します。北京の大学生と芸人の少女の恋模様を軸に、アクションと社会背景を複合的に描きこんだ『啼笑因縁』(飯塚朗訳、生活社、1943) は、当時映画化もされて記録的な大ヒットとなりました。ほかにも『春明外史』(1924)、『金粉世家』(1927) など、精力的に作品を世に送り出しつづけ、当時「国内でただ一人、女子供もみな知っている作家」と言われたほどでした。

1940年代、中国は〈日中戦争〉の暗雲が垂れこめ、苦難の道が続きましたが、人々はあいもかわらず小説に熱狂していました。日本軍占領下の上海で一躍時代の寵児となった張愛玲 (1920-95) は、鴛鴦蝴蝶派系

---

7 中国の女性たちの歴史を紹介した本として、関西中国女性史研究会編『中国女性史入門——女たちの今と昔(増補改訂版)』(人文書院、2014)、中国女性史研究会編『中国女性の一〇〇年——史料にみる歩み』(青木書店、2004) があります。

8 残念ながら作品の日本語訳はほとんどありませんが、神谷まり子「鴛鴦蝴蝶派と上海娯楽文化」(『アジア遊学』62号、2004年4月) にマルチな才能を発揮した娯楽小説家たちが紹介してあります。

第3章　文学1　清末から中華民国　伝統と変革の時代の文学

雑誌で小説家デビューし、西洋文学や中国古典文学の手法を独自の感覚で取り入れた恋愛小説を書きました。小説集『伝奇』(1944)に収められた代表作『傾城の恋』(池上貞子訳、平凡社、1995)は、上海と香港を舞台に離婚経験のある女性と華僑の男性とのあいだで繰り広げられる恋愛ゲームと、〈太平洋戦争〉の勃発によってもたらされた奇妙なハッピーエンドを描いています。[9]

だが戦争の時代が終わり、1949年に〈中華人民共和国〉が建国されると、通俗小説は受難の時代を迎えます。それまで活躍していた作家は多くが沈黙を余儀なくされるか、張愛玲のように国外へ出国せざるを得なくなりました。一方、台湾、香港の読者や海外華人を中心に、新派武俠小説の第一人者、金庸(1924-)や、女子中高生たちのバイブル、瓊瑤(1938-)の恋愛小説などが読まれていました。[10] 武俠ものは映画やドラマ、ゲームなどで目にしない日がないほど親しまれており、今では東アジアにおける「エンターテインメントの王道」に君臨するとまで言われています(岡崎由美『漂泊のヒーロー ──中国武俠小説への道』大修館書店、2002)。

図 3-6　『漂白のヒーロー』

今日、中国ではブログなどインターネットを利用した作品の発表や読

9　張愛玲作品の翻訳は他にも『浪漫都市物語　上海・香港40s』(藤井省三監修、JICC出版局、1991)、『半生縁 ── 上海の恋』(方蘭訳、勉誠出版、2004)、近年映画化された『ラスト、コーション』(南雲智訳、集英社文庫、2007)などがあります。また、その作品や作家について詳しく知りたい人は、池上貞子『張愛玲 ── 愛と生と文学』(東方書店、2011)を読んでみてください。

10　金庸の翻訳作品には、『天龍八部』(岡崎由美監修、徳間文庫、2010)、『鹿鼎記』(岡崎由美、小島瑞紀訳、徳間文庫、2008)、『射鵰英雄伝』(岡崎由美監修、徳間文庫、2005)など多数あり、多くがドラマ化されています。瓊瑤の翻訳作品には、『還珠姫』(阿部敦子訳、徳間書店、2005)、『寒玉楼』(近藤直子訳、文藝春秋、1993)、『窓の外』(北川ふう訳、現代出版、1984)などがあります。

書形態が主流となりつつあり、小説に接する形態も様変わりしました。しかし形は違っても、いにしえの人々の想像力をかき立てた豊かな物語世界は、これからも読者の心を捉えて離さないことでしょう。

第 3 章　文学 1　清末から中華民国　伝統と変革の時代の文学

読んでみよう・調べてみよう！

1　本章で紹介した文学作品を読み、内容について報告しよう

2　中国映画を観賞し、原作を合わせて読んだうえで（『レッドクリフ』と『三国志演義』、『フラワーズ・オブ・シャンハイ』と『海上花列伝』など）、内容や描写について比較検討してみよう

3　本章で挙げた作品に登場する女性たちについて、文化的背景、人物の描かれ方などについて考えてみよう

第4章

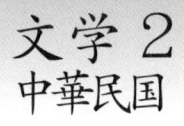

文学2
中華民国

こんなはずじゃなかった文学史

　突然の質問ですが、みなさんも「こんなはずじゃなかった」と思うことはないでしょうか。「せっかく大学に入ったけれど、こんなつまらない授業を聞かされるとは思わなかった」、「絶対にだいじょうぶと思って告白したのに、フラれた」なんて思ったことのある人がほとんどでしょう。

　これを〈中華民国〉時代（1912-49）の中国にあてはめて考えると、まさに「こんなはずじゃなかった」のくりかえしともいえる歴史を歩んでいたことがわかるのではないでしょうか。〈辛亥革命〉で〈清朝〉が倒れ、東アジアの大国としては初の共和国ができるわけですが、あっという間に軍閥割拠の世の中になってしまいます。1930年代、〈国民政府〉の政策が軌道に乗ったところで、日中全面戦争が勃発する。1945年、〈日中戦争〉に勝利したと思ったら、まもなく〈国共内戦〉が始まる。いまは亡き多くの魂の、呪いのような「おいおい、こんなはずじゃなかった」という声が聞こえてきそうな歴史です。

　また、この中華民国の時代は、中国人が中国人であることの自信を徹底的に失っていた時代だった、といってもいいのかもしれません。21世紀の自信に満ちた中国を見ると、まさに隔世の感がありますが、この時代は、中国人がみんなで「こんなはずじゃなかったなあ、なんでおれたちはこんなにダメなんだろう」と思い込んでいた、あるいは、日本などの諸外国によって思い込まされていた時代なのではないかと思うのです。

　では、その原因はなにか。数千年の伝統文化によって、型にはめられ

43

抑圧されてきた人間性、そして、そのようにゆがんでしまった自分たちが作る社会、これらが原因ではないか、と考えられました。それを治すにはどうしたらいいか。薬はなにか。がぜん、人間性を表現する文学に脚光が当たったわけです。文学もこれまでどおりの古いものではいけない、改革しなければならない、ということになりました。これが1917年、中国の〈現代文学〉〔中国では、中華民国期の文学、正確には1917年の文学革命から1949年の〈中華人民共和国〉成立までの時代の文学を現代文学と呼びます〕のはじまりとされる〈文学革命〉です。

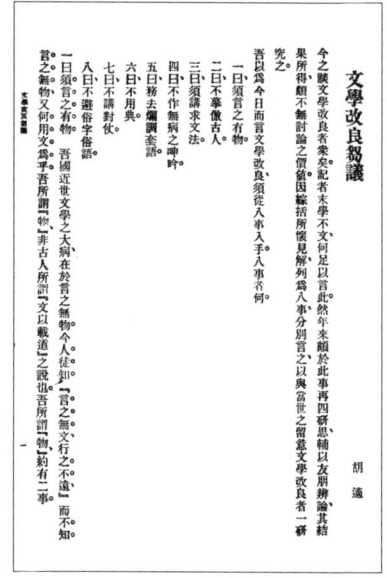

図4-1　雑誌『新青年』に載った胡適「文学改良芻議」

　それでは、文学をどう変えるか。本書の第3章でも述べられているように、西洋近代の個人を基本とした文学をモデルにして、それまで使われていた難しい文章語〔高校の漢文の授業で習うことば〕ではなく、みんなにわかりやすい口語〔大学の中国語の授業で習うことば〕を使って、新しい文学を作ろうということになりました。その時期の言論界のリーダーであった胡適（1891-1962）は、「文学改良芻議」（増田渉・服部昌之訳、『五・四文学革命集』中国現代文学選集3、平凡社、1963）で、簡単に言いますと、文学では心にもないことをいうな、こむずかしいジジむさいことをいうな、と提言しています。[1] もうひとりのリーダーであった周作人（1885-1967）は、「人の文学」（増田渉・服部昌之訳、前掲『五・四文学革命集』中国現代文学選集3）で、とにかく人間性にたちかえることを訴えています。[2]

1　胡適については、林毓生著、丸山松幸・陳正醍訳『中国の思想的危機 —— 陳独秀・胡適・魯迅』（研文出版、1989）、緒方康『危機のディスクール —— 中国革命1926～1929』（新評論、1995）、山口栄『胡適思想の研究』（言叢社、2000）などがあります。

第 4 章　文学 2　中華民国　こんなはずじゃなかった文学史

つまり、中国や中国人がダメであるならば、そのダメさ加減から目をそらさずに受け止めて、文学をとおしてその理由を考え、なんとかいいほうにもっていこうとしたわけです。ですから、この時代の文学を読みますと、まさに「こんなはずじゃなかった」人たちのオンパレー

図4-2　前列左３周作人、右４エロシェンコ、右３周作人の兄の魯迅

ドとなっています。それじゃあ読んでも心が晴れないといえば、確かにそうなのですが、たいていの人間が「こんなはずじゃなかった」と思って生きているとしたら、まさに中国の現代文学は、人びとの共感を呼んでやまない「偉大なる文学」なのではないかと思うわけです。

それでは、中国現代文学の「こんなはずじゃなかった」人たちの列伝に入ることにしましょう。

その前にひとことつけ加えますと、本章では、このような考えから、読んでおもしろい（ということは、つまり悲しい）作品を選んでみました。文学史ということで体系的にもっと学びたいということでしたら、ぜひ『中国二〇世紀文学を学ぶ人のために』（宇野木洋 / 松浦恆雄編、世界思想社、2003）、藤井省三『中国語圏文学史』（東京大学出版会、2011）などもあわせて読んでみてください。

2　周作人については、松枝茂夫訳『周作人随筆』（冨山房、1996）、木山英雄編訳『日本談義集』（平凡社東洋文庫、2002）、木山英雄『北京苦住庵記──日中戦争時代の周作人』（筑摩書房、1978）、劉岸偉『東洋人の悲哀──周作人と日本』（河出書房新社、1991）、木山英雄『周作人「対日協力」の顛末──補注「北京苦住庵記」ならびに後日談』（岩波書店、2004）、劉岸偉『周作人伝──ある知日派知識人の精神史』（ミネルヴァ書房、2011）、伊藤徳也『「生活の芸術」と周作人──中国のデカダンス＝モダニティ』（勉誠出版、2012）、伊藤徳也編『周作人と日中文化史』（勉誠出版、2013）をはじめとしてたくさんの翻訳・研究書がありますので、それらを参考にしてください。

郁達夫の作品など

トップ・バッターは、1920年代の若者に人気のあった郁達夫（1896-1945）です。[3] 郁達夫は浙江省富陽の生まれ。1913年に日本に留学し、1922年に東京帝国大学経済学部を卒業した後、中国に帰り、北京大学などで教鞭をとりました。中国現代文学の主要な文学結社のひとつである〈創造社〉の、初期の主要メンバーのひとりでありました。1945年9月にスマトラ島で日本軍の憲兵によって殺害されたとされます。

図4-3　名古屋の旧制第八高等学校時代の郁達夫

郁達夫の作品でまず指を折らなければならないのは、彼が日本留学中の1921年に書いた「沈淪」（駒田信二・植田渥雄訳、『現代中国文学』第6巻、河出書房新社、1971）でしょう。この作品は、日本に留学した「私」が、「支那人」であるというコンプレックスに悩み、祖国中国が富強になる日を夢見るといったものです。「私」の悩みは、性的なコンプレックスにもつながっており、中国の現代文学で初めて性の問題を正面からとりあげた作品とされ、当時の青年たちのあいだで一大ブームを巻き起こしました。「沈淪」では、マスターベーションにふける「私」の弱い身体が、外憂内患に悩む中国という国家に重ね合わされていて、興味深いものとなっています。

郁達夫の作品では、北京の人力車夫一家との交流を描いた「ささやか

3　郁達夫については、稲葉昭二『郁達夫――その青春と詩』（東方書店、1982）、鈴木正夫『郁達夫――悲劇の時代作家』（研文出版、1994）、鈴木正夫『スマトラの郁達夫――太平洋戦争と中国作家』（東方書店、1995）、胡金定『郁達夫研究』（東方書店、2003）、大東和重『郁達夫と大正文学』（東京大学出版会、2012）などたくさんの研究書・論文がありますので、これらを参考にしてください。

な供えもの」(阿部幸夫訳、前掲『現代中国文学』第6巻)も、ひょんなことで「私」と知り合い、あっけなくこの世を去っていった人力車夫のことをつづっています。「**過去**」(岡崎俊夫訳、前掲『現代中国文学』第6巻)では、港町で知り合った二人の姉妹との交流と再会が描かれています。「**春風沈酔の夜**」(岡崎俊夫訳、前掲『現代中国文学』第6巻)では、上海のアパートに住む女工との、淡い交流が描かれています。これらのどの作品も、「こんなはずではなかった」という思いを抱えながら生きる、名もない人びとが描かれていて、余韻の深いものがあります。

老舎の作品

次は、古き北京を描いた**老舎**(1899-1966)です。[4] 老舎は北京の生まれ。清朝の支配階級であった〈満洲族〉の血をひきます。父は〈義和団事件〉のときの戦闘で亡くなりました。1918年に北京師範学校を卒業し、小学校、中学校の教員などをしながら、1923年に短編小説「**小鈴児**」を書き、作家人生をスタートさせます。その後、ロンドン大学や山東大学の教員をし、押しも押されぬ第一線の作家となってゆきました。中華人民共和国成立後も、文芸界の要職につきますが、やがて〈**文化大革命**〉がはじまると、

図4-4　ロンドン時代の老舎

4　老舎については、竹中伸監修『老舎小説全集』1-10(学習研究社、1981-1983)があり、各巻末の解説が参考になります。単行本には、舒乙著、中島晋訳『北京の父老舎』(作品社、1988)、舒乙著、林芳編訳『文豪老舎の生涯──義和団運動に生まれ、文革に死す』(中公新書、1995)、柴垣芳太郎『老舎と日中戦争』(東方書店、1995)、杉本達夫『日中戦期老舎と文芸統一戦線──大後方の政治の渦の中の非政治』(東方書店、2004)吉田世志子『老舎の文学』(好文出版、2014)などがありますので、参考にしてください。このほか中山時子編『老舎事典』(大修館書店、1988)は、老舎のことばかりでなく、オールド北京のことを調べるのにも参考になります。

迫害され、亡骸(なきがら)が北京の太平湖で発見されました。

　まず老舎の「私の一生」(日下恒夫訳、『老舎小説全集』7、学習研究社、1982) という小説を紹介しましょう。この作品は、当時の北京にあって、最下層の職業とされた警官である「私」の自伝の形式をとっています。もともと表具師(ひょうぐし)であった「私」は、社会の変化によって仕事がなくなり、巡査となります。生活がよくなるかと思うと、さまざまな不幸がふりかかり、息子にも先立たれて、「私」の目前に餓死が迫る、といったストーリーです。「私」は、健気に生きているのですが、人生はどんどん転落していきます。

　健気な人々がいかに不幸になってゆくか——老舎の作品は、人力車夫(じんりきしゃふ)を描いた『駱駝祥子——らくだのシアンツ』(立間祥介訳、岩波文庫、1980)[5]、小公務員を描いた『離婚』(竹中伸訳、前掲『老舎小説全集』1)、北京の貧民窟で身体を売る母娘を描いた「三日月」(竹中伸訳、前掲『老舎小説全集』6) にしても、このいわば逆サクセス・ストーリーを描いたものが多くなっています。老舎は話のはこびがうまいので、読みはじめますと、どんどん引きこまれていってしまいます。老舎の作品では、かつての槍(やり)の名手・沙子龍(シャーズーロン)を描いた「断魂槍(だんこんそう)」(竹中伸訳、前掲『老舎小説全集』6) という短編も忘れられません。沙子龍は、自分の技を決して誰にも教えないのですが、このダンディズムが老舎その人と重なるのではないでしょうか。

沈従文の作品など

　次は、故郷である湖南省(こなん)西部の、愛すべき人びとを描いた沈従文(しんじゅうぶん) (1902-1988) を紹介しましょう。[6]沈従文は湖南省(こなん)鳳凰県(ほうおう)の生まれ。父方の祖母は〈苗族(ミヤオ)〉、母方は〈土家族(トウジャー)〉とされ、少数民族の血をひく作家です。沈従文は、小学校卒業後、地方軍閥の一兵卒となり、湖南省や四川省(せん)を転戦します。多くの血が流されるのを目撃しました。1923年に

　5　老舎の小説の言語をさらに詳しく知りたいかたは、牛島徳次『老舎駱駝祥子注釈』(同学社、1995) をひもといてみて下さい。

第4章　文学2　中華民国　こんなはずじゃなかった文学史

一念発起して北京にのぼり、貧困のなかで職業作家となりました。その後、青島大学、武漢大学、西南聯合大学、北京大学などで教鞭をとりながら、数多くの作品を発表し、「文章の魔術師」、「多産作家」の異名をとります。中華人民共和国成立後は、作風が厳しく批判され、作家としての人生にピリオドを打ちました。

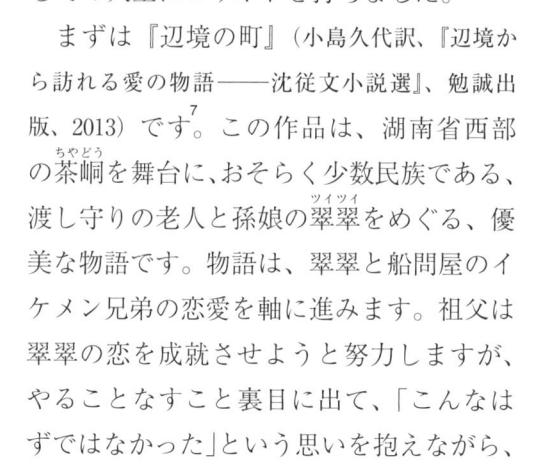

図4-5　沈従文と張兆和夫人

まずは『辺境の町』(小島久代訳、『辺境から訪れる愛の物語——沈従文小説選』、勉誠出版、2013)です。この作品は、湖南省西部の茶峒を舞台に、おそらく少数民族である、渡し守りの老人と孫娘の翠翠をめぐる、優美な物語です。物語は、翠翠と船問屋のイケメン兄弟の恋愛を軸に進みます。祖父は翠翠の恋を成就させようと努力しますが、やることなすこと裏目に出て、「こんなはずではなかった」という思いを抱えながら、

図4-6　『辺城』(辺境の町)

6　沈従文については、小島久代『沈従文——人と作品』(汲古書院、1997)、城谷武男・今泉秀人『沈従文「雨後」を読む——中国現代文学への誘い』(同学社、2001)、城谷武男著・角田篤信編『湘西——1996年秋冬写真と文』(サッポロ堂書店、2007)、城谷武男著・角田篤信編『沈従文研究——わたしのばあい』(サッポロ堂書店、2008)などがあります。沈従文の自伝である「従文自伝」(立間祥介訳)は、『現代中国文学全集』第8巻「沈従文篇」(河出書房、1954)に収められています。また1999年から2008年まで発行された『湘西——沈従文研究』(白帝社)は、沈従文研究の専門誌ですので、沈従文についてさまざまなことを知ることができます。

7　『辺城』については、各テキスト間の異同を明らかにした城谷武男著・角田篤信編『沈従文「辺城」の校勘』(サッポロ堂書店、2005)、詳しい語注を示した城谷武男著・角田篤信編『沈従文「辺城」の評釈』(サッポロ堂書店、2012)がありますので、研究したいかたはぜひひもといてみてください。

世を去ってしまいます。

沈従文の作品では、軍隊の万年炊事夫を描いた「会明」(ホイミン)(松枝茂夫訳、『現代中国文学』第5巻、河出書房新社、1970)、元軍人のいそうろうを描いた「ランプ」(松枝茂夫訳、前掲『現代中国文学』第5巻)などもおもしろいかと思います。会明は、「世界が馬鹿に与える待遇の全部」をなめつくしたような人物です。[8]しかし彼は幸せです。「ランプ」のいそうろうも似たようなもの。「人生こんなはずではなかった」と思うことさえありません。このような愛すべき「バカ」を描かせたら、中国現代文学で沈従文の右に出るものはいないでしょう。

しかし、売春婦となった妻を訪ねる農民の夫を描いた「夫」(おっと)(小島久代訳、前掲『辺境から訪れる愛の物語』)という作品を読みますと、その夫は、他の男と寝ざるを得ない妻に対する、自分の心のうちの嫉妬心をよく理解していないように見えます。また「闇夜」(やみよ)(城谷武男訳、『翻訳集 瞥見沈従文』サッポロ堂書店、2004)という作品では、夜間行軍をする二人の兵士のうち、一人が川を泳いで進み、一人が山道を進みますが、川を行った兵士のみ生き残ります。あるいは、人生とは、「こんなはずではなかった」と思えるだけ幸せなのかもしれません。沈従文の作品は、表面的にはのどやかなものが多いのですが、「こんなはずではなかった」と思うことさえも許さぬ「怖さ」があるように思えます。

作風をいいますと、篇末のキラリと光るガラス細工の桃が印象的な、**廃名**(はいめい)(馮文炳(ふうぶんぺい)、1901-67)「桃畑」(佐藤普美子訳、『中国現代文学珠玉選』1、二玄社、2000)も、沈従文と似た傾向をもつかと思います。

蕭紅の作品など

次は、やはり故郷である黒龍江省(こくりゅうこう)を描いた女性作家の**蕭紅**(しょうこう)(1911-1942)

---

8 松枝茂夫訳、『現代中国文学』第5巻、418頁。

9 蕭紅については、尾坂徳司『蕭紅伝——ある中国女流作家の挫折』(燎原書店、1983)、平石淑子『蕭紅研究——その生涯と作品世界』(汲古書院、2008)などがあります。また平石淑子編『蕭紅作品及関係資料目録』(汲古書院、2003)も、研究を深める際に参考になるでしょう。

第4章 文学2 中華民国 こんなはずじゃなかった文学史

を紹介しましょう。蕭紅は黒龍江省呼蘭河県の生まれ。1929年にハルピン第一女子中学に入り、新文学のとりこになります。翌年、父の決めた結婚に反抗して北京に出奔しますが、フィアンセにだまされるなどして、困窮のうちに日々を過ごしました。やがて夫となる蕭軍(1907-1988)と知り合い、ともに上海に出て魯迅(1881-1936)と知り合います。魯迅の援助によって作品を出版しますが、体をこわし、1942年に香港で亡くなりました。

図4-7 蕭紅と夫の蕭軍

まず「蓮花池」(下出宜子訳、『中国現代文学珠玉選』2、二玄社、2000)です。この作品は、祖父と孫の小豆の物語です。祖父は、墓の盗掘をして、体の弱い小豆を養っています。ある日、祖父は、盗掘で得た品を日本兵に売ろうとして、小豆を連れて兵営に出かけました。しかし小豆は日本兵にけりとばされ、祖父も日本兵にむちうたれます。翌日、小豆は死にます。戸口には静かに身を横たえる祖父の姿がありました。抒情的な作品ですが、体の弱い小豆を必死に育てる祖父、しかし虫けらのように日本兵に殺される小豆——ふたりとも人生は「まさかこんなふうになるはずがない」と思っているうちに、世を去ってしまうかのようです。

蕭紅の「手」(平石淑子訳、『中国現代文学珠玉選』3、二玄社、2001)は、女学校に通う「私」の友人である王亜明の物語です。心優しい王亜明は田舎の貧しい染物屋の娘。彼女の手は、家業の手伝いをするために、どす黒い紫色をしていました。そのため彼女は、女学校の教師、生徒から差別され、定期試験もどうせ受からないからと受けさせてもらえずに退学させられます。

この物語の背景には、民国時代の教育の大衆化といった現象があるか

51

と思います。その意味で似た物語が張天翼(ちょうてんよく)(1906-1985)「包(ほう)さん父子」(近藤龍哉訳、前掲『中国現代文学珠玉選』2)ではないでしょうか。さるお屋敷の門番である包さんは、苦労を重ねて、息子の包国維(バオグウオウエイ)を中学校〔高校に相当します〕にやります。ところが包国維は、とんだドラ息子で、とうとう学校を退学になってしまいます。

話を蕭紅にもどしますと、これまでに紹介した作品のほかに、「**生死の場**」(上下、中里見敬訳、『言語科学』第43号及び第44号、九州大学大学院言語文化研究会、2008、2009)[10]、『**呼蘭河の物語**』(立間祥介訳、『抗戦期文学集Ⅰ』中国現代文学選集7、平凡社、1962)など優れた作品が多くあります。抑制の効いた、懐かしささえ感じさせるような筆づかいで描かれた作品ですが(書かれている出来事は悲惨だったりします)、その背景には、日本による〈満洲国〉の建国と中国東北地方の人びとの故郷の喪失があることを忘れてはならないでしょう。

路翎の作品とそのほかの作家の小説

1940年代の中国は、〈日本軍統治地区〉、〈国民党統治地区〉、〈共産党統治地区〉に分かれていましたが、それぞれの地域の代表的作家は、おそらく張愛玲(ちょうあいれい)(1920-1995)、路翎(ろれい)(1923-1994)、趙樹理(ちょうじゅり)(1906-1970)ではないかと思います。[11] 真ん中の路翎は、ものすごい才能を持った作家だと思うのですが、人民共和国成立後に師匠の胡風(こふう)(1902-1985)とともに

図4-8　路翎

---

10 インターネットの九州大学学術情報リポジトリでダウン・ロードできます。
　(上)は https://qir.kyushu-u.ac.jp/dspace/handle/2324/9485
　(下) https://qir.kyushu-u.ac.jp/dspace/handle/2324/14012 で見られます。(下)につけられた訳者解説もぜひ読んでみてください。

11 張愛玲については、第3章を参照してください。路翎については、研究書がまだありません。趙樹理の研究書には、釜屋修『中国の栄光と悲惨——評伝趙樹理』(玉川大学出版部、1979)があります。

第4章　文学2　中華民国　こんなはずじゃなかった文学史

思想犯となったこともあって、これまであまり紹介されてきませんでした。路翎「王婆（ワンばあ）さんと子豚」（伊禮智香子訳、前掲『中国現代文学珠玉選』2）は、自分の棺桶代を得るためにブタを飼う老婆の物語です。老婆は死ぬためにブタを飼い、ブタは殺されるために成長する――人間の存在とはそもそも「こんなはずではない」という矛盾に満ちたものなのかもしれません。路翎の作品には、長編『資産家の子供たち』（人民文学出版社、1985）や中編『餓（う）えたる郭素娥（かくそが）』（人民文学出版社、1988）といった優れた作品がありますが、まだ翻訳がありません。

図4-9　『中国現代文学珠玉選』第1巻

そのほか短編小説としては、刺繍の枕をめぐる女性の悲しみを描いた凌叔華（りょうしゅくか）（1900-1990）「刺繡の枕（ししゅうのまくら）」（白水紀子訳、前掲『中国現代文学珠玉選』1）、クズ拾いの女と夫と男の三人の生活を描いた許地山（きょちざん）〔落華生（らくかせい）〕（1894-1941）「春桃（チュンタオ）」（松井博光訳、『中国の革命と文学』3、平凡社、1972）[12]、貧しい家の妻が幼子を家に残して金持ちのレンタル妻になる境遇を描いた柔石（じゅうせき）（1902-1931）「奴隷となった母親」（松井博光訳、『現代中国文学』第11巻、河出書房新社、1971）、1920年代の北京のモダン・ガールの心のうちを描いた丁玲（ていれい）（1904-1986）「莎菲女士（ソフィー）の日記」（岡崎俊夫訳、

図4-10　若き日の丁玲

---

[12] 許地山の作品の翻訳には、松岡純子訳注『落華生の夢』（中国書店、2000）があります。

53

『霞村にいた時』岩波文庫、1956)[13]、同じく北京の下宿屋で共産党員と思われる妊婦が臨月に逮捕されるさまを描いた楊剛(ようごう)(1905-1957)「体刑(たいけい)」(江上幸子訳、前掲『中国現代文学珠玉選』3)、妻ある恋人との旅行を描いた馮沅君(ふうげんくん)(1900-1974)「旅行」(佐治俊彦訳、前掲『中国現代文学珠玉選』3)、モスクワで朝鮮独立運動家がいまは亡き恋人との思い出を語る蒋光慈(しょうこうじ)(1901-1931)「鴨緑江上(おうりょくこうじょう)」(佐治俊彦訳、前掲『中国現代文学珠玉選』2)、モダン都市上海の風俗を軽快なリズムで描いた穆時英(ぼくじえい)(1912-1940)「上海のフォックストロット（ある断片）」(西野由希子訳、前掲『中国現代文学珠玉選』2)、若き日に死んだ少年と結婚させられた老女の鬱屈した心情を描いた呉組緗(ごそしょう)(1908-1994)「菉竹山房(りょくちくさんぼう)」(丸尾常喜訳、前掲『中国現代文学珠玉選』2) などもおもしろいかと思います。

　ここまで短編を中心に紹介してきました。もしかすると中国の現代文学の小説はみんな短いのかなと思ったかたもいらっしゃるかもしれません。もちろんそんなことはありません。中国の現代文学には、優れた長編小説がたくさんあります。そのなかでも、**茅盾**(ぼうじゅん)(1896-1981)『**子夜**(しや)』(小野忍・高田昭二訳、岩波文庫、1962、70) は、1930 年代の上海の民族資本家を取り巻く人間関係を描いた作品です。また**銭鍾書**(せんしょうしょ)(1910-1998)[14]『**結婚狂詩曲**』(荒井健・中島長文・中島みどり訳、岩波文庫、1988) は、主人公の結婚にまつわる悲喜劇をユーモアたっぷりに描いた作品だと思います。[15] ま

　13　丁玲の作品の翻訳には、中島みどり訳『丁玲の自伝的回想』(朝日選書、1982)、田畑佐和子訳『丁玲自伝 —— 中国革命を生きた女性作家の回想』(東方書店、2004)、尾坂徳司・岡本隆三訳『丁玲作品集』(青木文庫、1953)、岡崎俊夫訳『現代中国文学全集』第 9 巻 (河出書房、1955) などがあります。

　14　茅盾については、松井博光『薄明の文学 —— 中国のリアリズム作家・茅盾』(東方書店、1979)、バーニングハウゼン著、桑島由美子訳『中国近代リアリズム文学の黎明』(角川書店、1993)、桑島由美子『茅盾研究 ——「新文学」の批評・メディア空間』(汲古書院、2005)、鈴木将久『上海モダニズム』(中国文庫、2012)、是永駿『茅盾小説論 —— 幻想と現実』(汲古書院、2012)、白井重範『「作家」茅盾論 —— 二十世紀中国の世界認識』(汲古書院、2013) などがあります。また茅盾の自伝の翻訳には、立間祥介・松井博光共訳『茅盾回想録』(みすず書房、2002) がありますので、参考にしてみてください。

　15　銭鍾書については、夫人の楊絳の回想録である楊絳著、桜庭ゆみ子訳『別れの儀式 楊絳と銭鍾書 —— ある中国知識人一家の物語』(勉誠出版、2011) などがあります。また本書の第 5 章も参照してください。

た巴金(1904-2005)『家』(飯塚朗訳、岩波文庫、1988)は、四川の旧家の三人の息子の運命を描き、家と個人の問題を訴えた作品です[16]。これらのうち、特に巴金の『家』は、原文もとても読みやすいものですので、ぜひとも原典読破にチャレンジしてみて下さい。実は、原文で読んだ場合、短編よりも長編のほうが読みやすいものなのです。もちろん時間はかかりますが。

魯迅の作品

さて、話をもとにもどしましょう。ここまで「こんなはずじゃなかった」をキーワードに中国の現代小説を紹介してきましたが、ひとり「こんなはずじゃなかった」の権化とでもいうべき作家をとりあげていませんでした。そうです、日本の教科書でもおなじみの魯迅(1881-1936)です[17]。

魯迅は浙江省紹興の生まれ。南京の江南水師学堂などで学び、1902年に日本に留学し、仙台医学専門学校〔現在の東北大学医学部〕などで学びます。しかし、やがて医学では国民の体を治せても心を治すことはできないという思いを抱き、東京に出て、医学の道を捨てて文学の道に転じました。帰国後、いまの日本の文部科学省に相当する教育部の官僚となり、北京大学などでも教鞭をとります。魯迅が1918年に発表した「狂人日記」は、中国現代文学初の本格的口語小説とされます。この作品によって30年あまりにおよぶ中国現代小説の歴史がはじまったわけです。魯迅が中国現代文学の父といわれるゆえんです。

---

16 巴金については、巴金著、池田武雄訳『巴金回想集』(秋山書店、1978)、巴金のエッセイなどの翻訳である大林しげる・北林雅枝共訳『巴金写作生涯――BAJIN作品に見る生涯』(文芸東北新社、1999) などがあります。また本書の第5章も参照してください。

17 魯迅については、他の作家と比べて、研究書が桁ちがいに多く出ています。代表的なものには、竹内好『魯迅』(講談社文芸文庫、1994)、竹内好『魯迅入門』(講談社文芸文庫、1996)、丸山昇『魯迅――その文学と革命』(平凡社東洋文庫、1965)、丸山昇『魯迅と革命文学』(紀伊國屋新書、1972)、丸尾常喜『魯迅――花のために腐草となる』(集英社、1985)、丸尾常喜『魯迅――「人」「鬼」の葛藤』(岩波書店、1993)、片山智行『魯迅――阿Q 中国の革命』(中公新書、1996)、藤井省三『魯迅事典』(三省堂、2002)、藤井省三『魯迅――東アジアを生きる文学』(岩波新書、2011) などがありますので、読み比べてみてください。

魯迅の作品では、まず「孔乙己」(藤井省三訳、『故郷／阿Q正伝』光文社古典新訳文庫、2009) を紹介したいと思います。語り手の「僕」は、魯鎮の咸亨酒店のカウンター係です。その店には、知識人の印である"長衫"〔知識人は、肉体労働をしないので、"長衫"という丈の長い上着を着ます。肉体労働をする人は"短衫"という短い上着〕を着た孔乙己が飲みにやってきます。しかし彼は、結局〈科挙〉に合格できなかったため、ものごい同然の生活をしているのでした。やがて孔乙己は飲みに来なくなります。それは、丁家に盗みに入り、足を折られてしまったからでした。秋も深まるころ、孔乙己はいざりながらやって来ます。熱燗を一杯飲み終えると、人びとの嘲笑のなかを、やはりいざりながら帰って行きました。「僕」は孔乙己の姿をそれ以来見ていない、彼は死んだにちがいない、と小説は結ばれます。

なけなしの金とプライドとをはたいて、熱燗を飲みに来る孔乙己——彼にも若くはつらつとした日があったのかもしれません。おそらく内心で「こんなはずではなかった」と思いながらも、なけなしのプライドに頼って酒を飲む。涙なくしては読めません。同じ作者の「阿Q正伝」(藤井省三訳、前掲『故郷／阿Q正伝』)の主人公の阿Qは、死刑になるそのときまで「こんなはずではなかった」

図4-11 魯迅

図4-12 魯迅の小説集『吶喊』北京・新潮社、1923（上海文芸出版社、1990影印）

と自覚していないようなのですが、孔乙己はずっと自覚しているようです。

　この孔乙己の姿は、多くの人が自信を失って生きていた中華民国の時代の中国の姿をみごとに凝縮したものなのではないでしょうか。それとともに、「こんなはずではなかった」と思いつつも、一年また一年と人生を重ねて行く、多くの人びとの胸を、打ちつづけるものなのではないかと思います。小説で孔乙己が飲んでいた咸亨酒店は、現在その名を冠した紹興料理のチェーン店として、中国のあちこちに店をかまえています。その前には、たいてい孔乙己の銅像があるのですが、これもまた孔乙己と同じような思いをかかえて生きている人が多い証拠なのではないでしょうか。

　「孔乙己」以外の魯迅の"こんなはずじゃなかった"作品は、藤井省三訳の光文社古典新訳文庫『**故郷／阿Q正伝**』、『**酒楼にて／非攻**』に「**薬**」、「**故郷**」、「**あひるの喜劇**」、「**祝福**」、「**酒楼にて**」、「**愛と死**」などが収められています。そのほかに「**孤独者**」(竹内好訳、『魯迅選集』第2巻、岩波書店、1956)なども、「こんなはずではなかった」という思いにあふれています。

読んでみよう・調べてみよう！

1 本文で取り上げられた作品を読んで、感想を報告しよう

2 その作品について、論文検索サイトを利用して、先行研究を探そう。そして、自分の感想と比較しよう

3 その作品を書いた作家の人生を調べ、社会的背景や文化的背景も調査して、作品論を完成させよう

第5章

文学3
中華人民共和国

〈英雄〉の活躍から〈自分探し〉へ

　1976年、〈プロレタリア文化大革命〉(以下「文革」)が終結し、〈改革開放〉の時代に入ると、それまで声をひそめていた人々は、重い口を開いてそれぞれの立場から文革の「失われた10年」についての思いを語り始めました。名門校・清華大学附属中学で〈紅衛兵〉の活動に参加した回族の作家・張承志(1948-)『紅衛兵の時代』(小島晋治他訳、岩波新書、1992)、満洲族出身の作家・蕭乾(1910-1999)『地図を持たない旅人』(丸山昇他訳、花伝社、1993)などが、それぞれの立場から文革に対する思いを述べています。[1]戦前から活躍する作家の巴金(1904-2005)が1978年から書き続けた『巴金随想録』(石上韶訳、筑摩書房、全5冊、1982-1988)のなかで、やはり文革への後悔と反省を述べていることもよく知られています。

　映画化された作品も数多くあります。ここでは『小さな中国のお針子』(ダイ・シージエ監督、フランス、2002)を挙げておきましょう。[2]文革によって湖南の農村に移住させられた若者と現地の娘との恋、そして禁じら

図5-1 「小さな中国のお針子」DVD、バンド、2003

---

[1] 蕭乾の伝記には、岡田祥子訳・編『新中国を生きた作家　蕭乾』(幻冬舎ルネッサンス、2009)があります。丸山昇『文化大革命に到る道　思想政策と知識人群像』(岩波書店、2001)は、新中国建国後の文芸政策の転変とそれに翻弄される知識人の葛藤の跡づけたものです。

れた外国文学への憧憬が織りなす物語です。その他の小説や映画については、第6章、第8章で紹介しています。

多くの文学・芸術が、深い悲しみと悔恨を伴いながら、文革の記憶に触れています。実は、中華人民共和国の文学は、つねに政治と密接に関わっています。政治のうねりのなかにあった中華人民共和国の文学とは、いったいどのようなものなのでしょうか。

人民文学と反右派闘争

〈中華人民共和国〉誕生後の 1950 年代の小説には、梁斌（りょうひん）『燃えあがる大地 紅旗譜』（1956、松井博光訳、至誠堂、1961-62）、曲波（きょくは）『林海雪原』（1956、飯塚朗訳、平凡社、中国現代文学選集 10-11、1962）など、〈抗日戦争（こうにち）〉〔日中戦争の中国における呼称〕や〈解放区〉〔日中戦争時代の共産党統治地区〕を描いた長編小説が数多く現れました。[3] それらを竹内実は〈歴史小説〉と呼んでいます。[4] そのなかでも美しい女学生が革命に身を投じる楊沫（ようまつ）（1914-1995）の自伝的小説『青春の歌』（1958、島田政雄他訳、至誠堂、1960）は、女学生や若い読者の共感を呼びました。一方で、趙樹理（ちょうじゅり）（1906-1970）『三里湾』（1955）、艾蕪（がいぶ）（1904-1992）『百煉成鋼』（1957）のように、新中国誕生後の社会主義改革の実践の過程を取り上げた「現代小説」もあり、それら二つがこ

図5-2 『青春之歌』

2　原作は、ダイ・シージエ（戴思杰）『バルザックと小さな中国のお針子』（2000、新島進訳、ハヤカワ epi 文庫、2007）。

3　このほか、羅広斌・楊益言『紅岩』（1961、三好一訳、新日本出版社、革命文学選 1-3、1963）、山東省棗荘の抗日ゲリラの活躍を描いた通俗小説・知侠『鉄道遊撃隊』（1954、井上隆一訳、龍渓書舎、1980）などもあります。

4　竹内実『現代中国の文学　展開と論理』（研究社出版、1972）は、新中国建国後 20 年間の文学・思想の流れを概観するための優れたガイドです。

第 5 章　文学 3　中華人民共和国　〈英雄〉の活躍から〈自分探し〉へ

の時代の大きな柱となっています。後者の重要な作品としては、**周而復**(しゅうじふく)（1914-2004）の『**上海の朝**』（1958-62、岡本隆三他訳、くろしお出版、1959-60）がありますが、これは紡績工場の労働争議を中心テーマとする大河小説です。もともと中国の近代小説はリアリズムを基調にしたものが多く、とくに 1950 年代後半には、リアリズムにロマンチシズムを結合させた勇壮な創作方法が推奨されました。社会主義の英雄の活躍を誇大で情緒過多な言葉で描くスタイルを〈**人民文学**〉と総称します。

1957 年には、大規模な思想弾圧事件〈**胡風批判**(こふう)〉が発生します。[5]　**胡風**(こふう)（1904-1985）は、戦前から魯迅の後継者とも目されてきた気鋭の文芸評論家でしたが、「胡風意見書」を書いて共産党の文芸政策を批判しました。そのため、胡風とその仲間たちが逮捕・追放されました。

1957 年には、さらに徹底した思想弾圧が行われます。これが〈**反右派闘争**(はんう)〉と呼ばれるムーブメントです。100 万人にも及ぶと言われる知識人・学生たちが「右派」と指弾されて職場を追われました。[6]

なお、この時代を日本人作家・**中野重治**(なかのしげはる)（1902-1979）が目撃しています。『**中国の旅**』（1960、のち『中野重治全集』第 23 巻、定本版 1998）は 1957 年に訪問団の一員として中国を訪れた旅行記で、建設半ばの新しい国家の人々の熱気が、海外旅行初体験という中野の興奮とともに伝わってきます。

文化大革命

みなさんは、中国の人々が文革中、〈**人民服**〉と呼ばれる緑色の服を身にまとい、手に小さな赤い本をかざして叫んでいる写真を見たことがありますか。彼ら紅衛兵が携えていた「あの本」こそ、毛沢東の思

5　〈胡風批判〉については、李輝『囚われた文学者たち　毛沢東と胡風事件』（岩波書店、1996）が詳しく論じています。

6　戴晴『毛沢東と中国知識人　延安整風から反右派闘争へ』（1988-89、田畑佐和子訳、東方書店、1990）は、反右派闘争で批判された代表的知識人の一人で、『光明日報』編集長だった気骨のジャーナリスト・儲安平（1909-1966?）などに焦点を当てて、毛沢東時代を回顧しています。

想が詰まった『**毛沢東語録**』(1964、中嶋嶺雄訳、平凡社ライブラリー、1995) です。中国共産党の権威の象徴として中国国内だけで50以上の少数民族言語に翻訳され、50数億冊が刊行されたといいますから、まさに時代を代表する超ベストセラーといえるでしょう。[7]

1966年から約10年に及んだ文革は、国を挙げて急進的な社会主義の路線を進んだ時代でした。とりわけ文学・芸術分野への影響は深刻で、老舎や趙樹理といった重要な作家が迫害を受けて死亡しました。

図5-3 『毛沢東語録』

共産党への忠誠を示すため、ときに肉親同士が傷つけ合わなければならない強烈な体験は、中国人自身にとっても極めて過酷なものでした。たとえば、第五世代の代表的な映画監督、**陳凱歌**（チェン・カイコー）(1952-) は、北京の中学生だった1966年、批判大会で元国民党員だった自らの父親が群衆に糾弾された際、「打倒しろ！」と叫びながら実の父に暴行を加えたことを告白しています（陳凱歌『私の紅衛兵時代——ある映画監督の青春』刈間文俊訳、講談社現代新書、1990）。悲劇は彼自身にも降りかかります。69年、陳も再教育を受けるため雲南省の農村に送り込まれ、7年ものあいだ、そこで過ごすことになりました。原始林を開墾し大自然と対峙する過酷な生活が、陳と同じ農場に所属していた作家**阿城**（あじょう）(1949-)「山の主」に活写されています。阿城原作・陳凱歌監督の映画『**子供たちの王様**』(1987) には雲南の農村に赴任した中学教師の奮闘ぶりが描かれており、彼ら紅衛兵世代の青春が重ね合わせられています。[8]

---

7 他に、武田雅哉『よいこの文化大革命　紅小兵の世界』（廣済堂ライブラリー、2003）は文革期の子ども向け読み物を紹介しており、この時代の出版文化を知る手がかりになります。なお、理論的な側面からもっと深く探究してみたいという人は、専門的な本ですが宇野木洋『克服・拮抗・模索　文学後中国の文学理論領域』（世界思想社、2006）を読んでみましょう。

第 5 章　文学 3　中華人民共和国　〈英雄〉の活躍から〈自分探し〉へ

　陳よりも上の世代の知識人たちも次々に都市を追われました。政府の研究機関で文学研究に従事していた楊絳（ようこう）（1911-2016）が、夫の文学者・銭鍾書（せんしょうしょ）（1910-1998）ともども河南省の集団農場に収容され、慣れない農作業に悪戦苦闘する様子が、『幹校六記』（1981、中島みどり訳、みすず書房、1985）に美しい文体で描かれています。また北京大学教授の楽黛雲（ユエ・ダイユン）（1931-）は、闘争に明け暮れる文革中の北京大を目撃し、自らも江西省の農村に追放されました。文革という大きな波に翻弄された彼女の半生は、『チャイナ・オデッセイ』（ユエ・ダイユン他著、丸山昇監訳、岩波書店、上・下、1995）に活写されています。

『輝ける道』

　さて、この時期に流行作家となったのが浩然（こうぜん）（1932-2008）です。代表作『輝ける道』（1972-74、神崎勇夫他訳、東方書店、現代中国革命文学集 5-7、1974）も貧農出身の主人公が農民を率いて合作社を建設する、青年の成長小説とも言うべき長篇小説です。浩然の作品の他、高玉宝（こうぎょくほう）（1927-）『夜中に鳴くニワトリ』（じゅしょうぼん）（1972）など、文革期の代表的な作品は、「現代中国革命文学集」（全 9 巻、東方書店、1972-75）に収められています。

図 5-4　浩然『金光大道』挿絵、人民文学出版社、1975

　小説を中心とする文学は低調でしたが、印刷用紙など物資が不足する中、自由な出版活動を禁じられた民衆は、手で書き写した小説（"手抄本"（しゅしょうぼん））を人から人へと受け渡し、やがて張揚（ちょうよう）『二回目の握手』のような大ベストセラーが生まれます。30 年ぶりに再会を果たした恋人とふたたび固い握手を交わすこの物語には、抑圧された民衆の願望を反映したような、純愛のエピソードが含まれています。

8　「山の主」「子供たちの王様」（小説としての日本語表題は「中学教師」）はいずれも『阿城　チャンピオン・他』（立間祥介訳、徳間書店、現代中国文学選集 8、1989）所収。

外国人による文革見聞録のなかから、記号論で有名なフランスの批評家、**ロラン・バルト**（1915-1980）の『**ロラン・バルト中国旅行ノート**』（桑田光平訳、ちくま学芸文庫、2011）を紹介しましょう。1974年に中国を訪れたバルトの旅行中の手帳を翻刻した詳細な記録です。〈**批林批孔運動**〉
〔旧思想批判の一環としての孔子批判と保守反動の思想家と評価された中国共産党副主席・林彪（りんぴょう）に対する批判〕が盛り上がる文革後半期の中国を鋭く観察しています。

ポスト文革時代の新時期文学

文革終結後現在にいたるまでの文学の流れを〈**新時期文学**〉と総称します。**有吉佐和子**（ありよしさわこ）『**有吉佐和子の中国レポート**』（新潮社、1979）は、文革直後の1978年に中国を訪れ、各地の人民公社の様子や周揚・巴金ら作家との会見などを詳細に報告しています。

1970年代終盤の文学は、文革の残した傷跡からの回復の試みと総括することができます。1976年に発生した〈**天安門事件（第一次）**〉は、民衆の自由への要求が発現した象徴的なできごとといえるでしょう。

中学の国語教師出身の作家・**劉心武**（りゅうしんぶ）（1942-）「**クラス担任**」（1977）が発表されると、大きな反響がありました。クラス担任の張先生が、授業の力で問題を抱えた生徒を正しい社会主義建設に向けて導いてゆこうと決意します。その翌年には上海の名門校・復旦大学を卒業して新聞記者になったばかりの**盧新華**（ろしんか）（1954-）「**傷痕**」（しょうこん）（1978）が話題を呼びました。これらはいずれも文革時代の暗部や悲劇的側面をえぐり出すもので、〈**傷痕文学**〉と呼ばれました。[9]

小説以外にもさまざまなジャンルの芸術活動が再開されました。詩人の**北島**（ペイタオ）（1949-）たちは1978年文学雑誌『**今天**』（ジンテイエン）を地下出版物として刊行し、文壇に影響を与えましたが、文革への反省を迫る難解な詩は、思想がぼんやり（"朦朧"）しているという意味で〈**朦朧詩**〉（もうろうし）と批判されます。そのなかでも、「わたしは信—じ—ない！」（「回答」）という絶叫で知ら

9　『傷痕』（工藤静子他訳、日中出版、1980）には、劉心武「クラス担任」、盧新華「傷痕」など「傷痕文学」作品7篇が収められています。

第 5 章　文学 3　中華人民共和国　〈英雄〉の活躍から〈自分探し〉へ

れる北島は、目の前に広がる世界を手厳しく突き放したかと思えば出発への決意を唱い上げ、心の闇と希望との狭間で揺れる「自我」を表現しているように見えます。[10]朦朧詩の詩人には、ほかに芒克(マンク)(1950-)、顧城(こじょう)(1956-1993)などがいます。

改革開放と「自分探し」

　鄧小平が復権した1980年代以降、中国社会は〈改革開放〉に向けてさらに変化を加速させます。女流作家・茹志鵑(じょしけん)(1925-1998)「ちぐはぐな物語」(1979)、後に米国に亡命するルポルタージュ作家・劉賓雁(りゅうひんがん)「人妖(じんよう)の間」(1979)などによって文革に対する反省はいよいよ深まりました。[11]『長恨歌(ちょうごんか)』(1996)などの長篇で名高い女流作家・王安憶(おうあんおく)(1954-)もこの時期デビューした新人作家です。[12]これを〈反省文学〉〔"反思文学"〕と呼びます。

　文化・芸術の統制が緩んだことで、「言葉」の芸術という文学の特徴をとことん追求しようという方向が生まれます。独自の感性に基づいた、言葉遊び的な要素を含む幻想的な文学世界が生み出されることになりました。その第一人者ともいえる王蒙(おうもう)(1934-)は、もともと1950年代の反右派闘争で批判された若手作家です。1980年代には心理小説で脚光を浴びました。代表作の『蝴蝶(こちょう)』(1980)は、共産党高級幹部の文革中の意識の流れをたどることによって、別れた妻や子に対する心残りや愛情、その気持ちに反して埋めることのできない人と人との隔たりが露わになります。[13]人間の断絶を問うその内容もさることながら、〈意識の流れ〉というモダニズム的文体そのものが旧来のリアリズムに対するア

　10　『北島（ペイ・タオ）詩集』(是永駿訳、土曜美術社、1988)

　11　茹志鵑「ちぐはぐな物語」(『茹志鵑　百合の花・他』徳間書店、現代中国文学選集11、1990、所収)。劉賓雁「人妖の間」(『天雲山伝奇』亜紀書房、1981、所収)。文革後の文学状況を概観するためのガイドブックは、竹内実・萩野脩二『中国文学最新事情』(サイマル出版会、1987)、高島俊男『声無き処に驚雷を聴く　『文化大革命』後の中国文学』(日中出版、1981)をご参照下さい。

　12　王安憶の初期作品には、南條純子監修『終着駅』(NGS、80年代中国女流文学選2、1987)などがあります。

ンチテーゼとなっています。

　文革に対する反省を深めれば、自分とはいったい何者なのかという「自我」の問題に行き当たります。たとえば張賢亮（1936-）『男の半分は女』（1985、北霖太郎訳、二見書房、1986）は、文革という苦難に翻弄される知識人の性愛を含めた「内面」を綴る精神史と呼べるものです。夫婦共働きの女医が直面する仕事と家庭の両立という問題を取り上げた諶容（1936-）『人、中年に到るや』（1980、林芳訳、中公文庫、1984）、また妻子ある年上の編集者との不倫と裏切りを告白した遇羅錦（1946-）『春の童話』（1982、押川雄孝・宮田和子訳、田畑書店、1987）なども、この文革後の流れをよく表しています。

民族の「根」を求めて——ルーツ文学

　2012年、現代中国を代表する作家となった莫言（1956-）のノーベル文学賞受賞のニュースが世界中を駆け巡りました。貧しい農家に生まれ人民解放軍に入隊した経験を持つ莫言は、山東省高密県東北郷という農村をガルシア・マルケス『百年の孤独』などで知られるラテンアメリカの「魔術的リアリズム」の手法でグロテスクかつリアルに描き続けます。彼の前期の代表作ともいえる『赤い高粱』（1986）は、日本軍の侵略によって赤く染まる高粱畑のなかでしぶとく生き抜く農民の一族の物語です。張藝謀監督によって映画化され、その名声を不動のものとしました。その後の莫言は、『豊乳肥臀』（1995、吉田富夫訳、平凡社ライブラリー、2014）『白檀の刑』（2001、吉田富夫訳、中公文庫、2010）などの長篇の

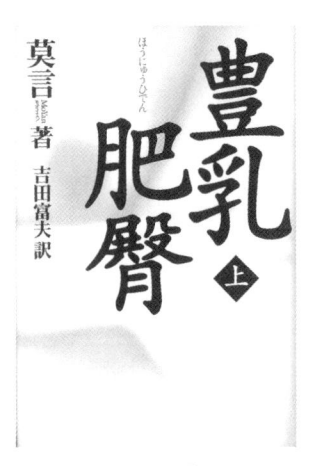

図5-5　莫言『豊乳肥臀』

13　相浦杲訳『胡蝶』（みすず書房、1981）。市川宏他訳『王蒙　淡い灰色の瞳・他』（徳間書店、現代中国文学選集1、1987）には、もっぱら新疆ウイグル自治区・イリへの農村移住体験とその回想をモチーフにした作品が収録されています。

第5章　文学3　中華人民共和国　〈英雄〉の活躍から〈自分探し〉へ

なかで高密県東北郷の人々をいよいよグロテスクに描き続けています。

莫言に代表される、自らの根源を探究する文学は、文革世代の作家たちの農村への強制移住体験に結びつき、文学の「根」〔ルーツ〕を民族固有の伝統文化のなかに見出そうとするようになります。これを〈ルーツ文学〉と言います。ルーツ文学の名付け親で　ある湖南省生まれの**韓少功**(かんしょうこう)(1953-)は、文学の「根（ルーツ）」を民族の伝統文化のなかに求めました。韓少功の「**爸爸爸**(パーパーパー)」(1985、加藤三由紀訳、『**現代中国短編集**』平凡社ライブラリー、1998)は、うわさや迷信、古い因習で生きる閉鎖的な村から人々が去り、消えてゆく話です。「パーパーパー」など2語しか話すことができない発達遅滞の子どもは、村にとって「役に立たない」老人や子どもを象徴している存在のようです。湖南に伝わる呪術や古歌、言い伝えなどが極めてグロテスクに書き込まれています。

ルーツ文学は、反省文学とモダニズム文学が融合して生まれた新しい文学の領域です。そのなかで質量ともに莫言に比肩しうる重要な作家に、**賈平凹**(かへいおう)(1953-)がいます。陝西省生まれの賈平凹は、「**野山——鶏巣村の人びと**」(1984、『**賈平凹　野山——鶏巣村の人びと・他**』井口晃訳、徳間書店、現代中国文学選集4、1987)で二組の農民夫婦を通じて変化する農村社会を描き出しました。陝西省の古都・西安を舞台に不倫を繰り返す作家の執拗な性描写で発禁処分を受けた話題作『**廃都**(はいと)』(1993-96、吉田富夫訳、中央公論社、1996)などの長篇小説によって人気作家となっています。

文革後も言論に対する圧力がなくなったわけではありませんでした。人々の不満はその後もマグマのように地下に溜まり、ついに1989年6月の〈**天安門事件（第二次）**〉〔「血の日曜日」事件〕という形で噴出します。民主化運動の指導的存在であった**鄭義**(ていぎ)は、「反革命暴乱」の容疑で指名手配され、以後3年間にわたって当局の目を逃れ地下に潜伏し、逃亡生活を送ります。逃亡中に監禁中の妻を案じつつ綴った手紙『**中国の地の底で**』(1993、藤井省三監訳、朝日新聞社、1993)は海外で出版され、虐げられた人権状況について国際世論に警鐘を鳴らしました。

そして時代は、1990年代へと移ってゆきます。

読んでみよう・調べてみよう！

1 文革について書かれた小説や回想録などを読み、逆境のなかで人間が見出すことができる「希望」について考えてみよう

2 莫言のルーツ文学について、複数の本を読み、報告しよう

3 本文中に取り上げた『小さな中国のお針子』『子供たちの王様』や『太陽の少年』『芙蓉鎮』など、映画化された文学作品について、映画と原作とを見比べてみよう

第6章

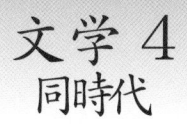

文学4
同時代

「政治とカネ」の論理を超えて

　同時代の中国の文学は、これまで民主化や著作権など、「政治とカネ」に関することと語られることが多かったように思います。しかしながら、多くの文学者は、「政治とカネ」のことだけを考えて、創作活動を行っているわけではありません。彼らの創作には、当然ながら文学的とも言うべき、特殊な要素が加わっているはずです。

　本章で行いたいのは、文学に携わる人々の側から、同時代の中国を見つめ直すことです。「政治とカネ」から文学を判断するのではなく、文学から「政治とカネ」を見ること。この視点は、同時代中国に対する理解だけではなく、日本に住む皆さん自身について考えることにもつながるでしょう[1]。

文学の〈市場化〉——汪暉、高行健、劉暁波、村上春樹

　まず基本的な事項をおさえておきましょう。第1章や第5章で出てきたように、1990年代以降の中国は、〈天安門事件（第二次）〉（1989）による民主化運動の弾圧、〈南巡講話〉（1992）を代表とする資本主義への舵取りにより、文学の〈市場化〉が進みました。つまり、中国は、社会主義体制（政治）の下で、グローバル経済（カネ）をコントロールするという特殊な状況に置かれるようになったのです。こうした社会的背景の

---

[1] 本章では基本的に、①大陸で執筆されて、②日本語に翻訳されているものを中心に取り上げています。中国の同時代文学については、尾崎文昭編『「規範」からの離脱——中国同時代作家たちの探索』（山川出版社、2006）が、最も手に入りやすく、読みやすいでしょう。他に、『アジア遊学』第94号「特集：中国現代文学の越境」（勉誠出版、2006）も、様々な作家、作品を深く掘り下げた特集が組まれています。

なかで、知識人の思想的、社会的影響力は徐々に薄れて、文学作品の価値は読者にウケるかどうかが、判断基準と見なされるようになります。結果、中国では、粗製濫造された作品が、大量に巷間に出回ることとなりました。

現代中国を代表する思想家、**汪暉**(1959-)は、こうした状況に鑑みて、〈歴史の終わり〉を宣言し、大論争を引き起こしました。本当に中国の歴史が終わったわけではありません。1980年代までの知識人が導こうとした〈**啓蒙と救国**〉の「歴史（ストーリー）」が、政府の方針転換により、「終わった」のではないかと問題提起したのです。加えて、政府の強引ともいえるやり方に対しては、多くの文学者、知識人が異を唱えました。フランス在住の亡命作家、**高行健**(1940-)の2000年ノーベル文学賞受賞、そして民主化運動の旗手、**劉暁波**(1955-2017)の2010年ノーベル平和賞受賞は、その象徴的な出来事として忘れるわけにはいきません。彼らは、西側の世界に訴えて出ることで、中国政府の方針に疑問符を付けたのです。

その一方で、文学の〈**市場化**〉は、「売らんかな」の態度にとどまらない、新た

図6-1 村上春樹著、林少華訳『奇鳥行状録（ねじまき鳥クロニクル）』上海訳文出版社 2010

---

2 少し難しいのですが、思想、哲学の好きなあなたのために。汪暉の思想については、『思想空間としての現代中国』（村田雄二郎他訳、岩波書店、2006）で日本語訳がなされています。なお、本文で挙げた「歴史の終わり」とは、フランシス・フクヤマ『歴史の終わり』（渡部昇一訳、三笠書房、1992）の議論を下敷きにしていると思われます。「新左翼」に位置づけられる汪暉が、「新保守」のフクヤマの議論を引用しているところがミソ。

3 日本では、二人のノーベル賞受賞にあたって、高行健は『霊山』（飯塚容訳、集英社、2003）、劉暁波は『最後の審判を生き延びて──劉暁波文集』（丸川哲史他訳、岩波書店、2011）などが出版されました。でも、ノーベル賞の権威って、そもそも何に基づいているんでしょう？ 西洋の産物であるノーベル賞は、アジアの中国に当てはまるのでしょうか？ 後述の莫言の例も参考にしつつ、考えてみてください。

第６章　文学４　同時代　「政治とカネ」の論理を超えて

な文学現象を引き寄せました。村上春樹（1949-）の作品の流行がそうです。彼の小説の特徴の一つは、読み物のような体裁で読者を誘いつつ、消費社会の裏側にある闇を提示するという点にあると考えられます。たとえば、『ねじまき鳥クロニクル』（新潮社、1992-1995）では、「政治とカネ」の論理から距離を取る主人公が、自己の深層意識を掘り下げることによって、東アジアの血塗られた歴史にまで辿り着く様子が描かれました。[4] 彼の小説は、消費社会の産物である一方で、消費社会そのものを相対化しているために、中国でも注目が集まったのです。なお、村上春樹受容については、藤井省三『村上春樹のなかの中国』（朝日選書、2007）や王海藍『村上春樹と中国』（アーツアンドクラフツ、2012）で詳細に分析されているので、参照してみてください。

　1990年代以降の中国の「政治とカネ」の状況は、〈社会主義市場経済〉と定義されることもあります。しかしながら、本章で取り上げる人々は、こうした定義にとどまらない形で創作活動を行っていました。たとえば、毎年発行の『文藝年鑑』（日本文藝家協会編、新潮社）の「中国文学」の項をめくって、同時代中国の出来事を詳細に確認するなどしてみましょう。

身体の変容――衛慧、陳染、安妮宝貝

　さて、1990年代後半以降の中国の都市部では、グローバル経済の影響により、欧米の価値観が急速に流入しました。特に、身体に対する意識は、大きな転換期を迎えるに至っています。こうした社会変化にいち早く反応した作家としては、まず衛慧（1973-）を挙げなくてはなりません。

　彼女の名を知らしめたのは、長篇小説『上

図6-2　『上海ベイビー』

---

[4] 村上春樹には、林少華、頼明珠、林薫、そして施小煒など様々な翻訳者がいて、それぞれ訳文が異なります。このへん調べると面白いですよ。

海ベイビー』（桑島道夫訳、文春文庫、2001）です。この小説では、政治や社会への意識が脇に置かれて、代わりにセックスとドラッグに関する描写が展開されました。さらに、服やバッグなどのブランド品や、欧米ポップカルチャーの固有名詞が大量に引用されて、文学に新しい風を吹き込んだのです。日本でも、彼女は〈美女作家〉という枠組みで、数多くの作家とともに紹介されました。[5]

注意したいのは、衛慧が、メディアを通じて様々な〈パフォーマンス〉を行った点にあります。たとえば、過激な言動で物議を醸したり、他の作家と舌戦を交わしたりと、小説創作の外でセンセーションを巻き起こしました。また、当局により『上海ベイビー』の内容が「不道徳」であるとして禁書になったことも、結果的に彼女に有利に働いています。衛慧の様々な行動は、1990年代以降の価値観の変容を体現していたため、一定のリアリティを持ち得ていたわけです。[6]

図6-3 『プライベートライフ』

他方で、陳染（1962-）は『プライベートライフ（私人生活）』（関根謙訳、慶應義塾大学出版会、2008）において、異なる角度から性について考えていました。この作品の魅力は、〈文革〉から〈天安門事件〉までの歴史が、彼女自身の身体の次元から語り直されていることにあります。陳染は、衛慧のようにメディアを騒がせるのではなく、冷静に自己の身体

---

5 たとえば、棉棉『上海キャンディ』（三須祐介訳、徳間書店、2002）、九丹『ドラゴン・ガール』（真田潤訳、アーティストハウスパブリッシャーズ、2003）、春樹『北京ドール』（若松ゆり子訳、講談社、2006）など。『中華モード——非常有希望的上海台湾前衛芸術大饗宴』（アトリエサード、2004）も、様々な同時代の文化を、〈パフォーマンス〉に注目して紹介しています。ファッションから文学を考えてみたい人に向いているかも。

6 今日の衛慧については、後に『衛慧みたいにクレイジー』（泉京鹿訳、講談社、2004）、『ブッダと結婚』（泉京鹿訳、講談社、2005）が翻訳されており、〈美女作家〉という枠組みを突破しつつあります。

に即した言葉を模索することで、男女の性差を前提とする社会に対して違和感を表明しました。この彼女の身体の生理面への認識、それに同性愛描写などは、近年注目されつつある〈**クイア批評**〉とも通底しており、見逃すことはできません[7]。

　もう一人、1990年代以降の社会変化を体現する作家として、〈**ネット文学**〉の旗手、**安妮宝貝**（アニー・ベイビー）（1974-）にも注目しておきましょう。彼女は今日おいて、北京、上海など都市に生きる人々や、親元を離れて寮生活を送る大学生などから、絶大な支持を受けている作家です。たとえば、長篇小説『**さよなら、ビビアン**』（泉京鹿訳、小学館、2007）のセンチメンタルな文体からうかがえるのは、深夜に一人でパソコンのモニタに向き合う都市の人々の孤独な姿でしょう。安妮宝貝の語りは、インターネットの整備を代表とする生活環境の変化を、文体の次元で反映しているわけです。

　他に、同時代の雰囲気を伝える作品集として、〈フェミニズム文学〉に特化した『**現代中国女性文学傑作選**』（田畑佐和子、原善編、鼎書房、2001、全二巻）や、実力派若手作家の作品を収めた『**9人の隣人たちの声——中国新鋭作家短編小説選**』（桑島道夫編、勉誠出版、2012）などがあります。中国同時代文学を総体的に触れたい方はぜひ手に取ってみてください。

魂（タマシイ）の言葉——史鉄生（してつせい）、閻連科（えんれんか）、残雪（ざんせつ）

　「政治とカネ」の論理とは、言葉を、道具や商品として捉えようとする態度に他なりません。ただし、中国には、孤独に自己の内部に沈み込み、認識を研ぎ澄ませることで、言葉に魂（タマシイ）を取（と）り返そうとする作家もいました。

---

[7] あなたの愛は、本当に異性にしか向かわないのでしょうか？ 今の日本のテレビ番組のように、同性愛者を「変てこ」扱いする方が、よっぽど「変てこ」じゃないですか？〈クイア批評〉（英語の Queer は「変てこ」の意味）は、同性愛という切り口を出発点として、社会に前提されている価値観を広く疑う試みです。川口和也『クイア・スタディーズ』（岩波書店、2003）などを読んでみてください。

史鉄生(1951-2010)は、1972年から車いす生活を余儀なくされながらも、旺盛な執筆活動を続けた作家です。たとえば、連作エッセイ『記憶と印象』(栗山千香子訳、平凡社、2013)では、記憶のなかの匂い、肌触り、そして様々な感情の襞が、ある種の熱を帯びながら、丹念に書き取られました。彼は、言葉が取引の道具となる時代に、徹底して世界について考え抜き、言葉に魂を取り戻そうとしていたのです。[8]さらに彼のエッセイには傑作が多く、日本でも雑誌『季刊中国現代小説』(蒼蒼社、1987-2005)や『中国現代文学』(ひつじ書房、2008-)において数多く翻訳されてきました。なお、これらの雑誌は中国現代文学の専門家の名訳が集まる、魅力的な翻訳雑誌です。みなさんも是非、原文と照らし合わせながら、翻訳の妙を楽しんでみてください。

　次に、現代中国の暗部を抉り取った作品として、閻連科(1958-)の『丁庄の夢——中国エイズ村奇談』(谷川毅訳、河出書房新社、2007)も紹介しておきましょう。この作品は、売血によってエイズの蔓延した村を取り上げており、センセーショナルな内容を備えています。注目すべきなのは、閻連科が、あえて小説という形式を取っていることでしょう。彼は、エイズ問題を通じて、単なる社会批判、政府批判を行おうとはしていません。小説という物語性を備えるジャンルを選択することで、生と死の問題を、より深く読者の心に届けようとしていると考えられるのです。[9]

　他にも、1980年代から独自の言語を作り上げた作家として、残雪(1953-)を忘れるわけにはいきません。近年の彼女は、『魂の城——カフカ解読』(近藤直子訳、平凡社、2005)など、批評の分野で目覚ましい成果

---

[8] 史鉄生については、『遥かなる大地』(山口守訳、宝島社、1994)や、「わたしと地壇」(千野拓政訳、『季刊中国現代小説』第2巻第1号、1996)が代表的作品です。史鉄生のエッセイは、できれば家や教室で、ゆっくりと音読することをオススメします。自然と涙が溢れますよ。

[9] 社会派のあなたに。話題となったルポルタージュとして、農民生活の実態を暴いた陳桂隷他『中国農民調査』(納村公子他訳、文芸春秋、2005)や、学生の就職難を取り上げた廉思『蟻族——高学歴ワーキングプアたちの群れ』(関根謙訳、勉誠出版、2010)などがあります。

を挙げました。[10]また、残雪の兄である鄧暁芒(とうぎょうぼう)(1948-)も、『精神の歴程(れきてい)——中国文学の深層』(赤羽陽子他訳、柏植書房新社、2003)という1990年代の中国文学を対象にした批評を書いています。これらの作品からは、新しい形の文学批評の模索をうかがうこともできるでしょう。

物語の再構築——格非(かくひ)、余華(よか)、蘇童(そどう)、張煒(ちょうい)

先に少し触れたように、中国では、1980年代に知識人が推進したヒューマニズムを中心とする文学から、1990年代以降の粗製濫造された著作権無視の読み物への移行が見受けられました。しかしながら、中国の多くの作家は、こうした図式にとどまらず、様々な形の物語構築を行っています。

特に、〈先鋒派(せんぽうは)(アヴァンギャルド)〉に位置づけられる作家たちは、小説の語りや内容を刷新して、新たな物語のフォーマットを作り上げた人々として看過できません。顕著な例として、格非(かくひ)(1964-)の『時間を渡る鳥たち』(関根謙訳、新潮社、1997)では、単純な物語構造を破壊し、錯綜する時空を表出することで、ほとんど無国籍ともいえる世界を演出することに成功しています。

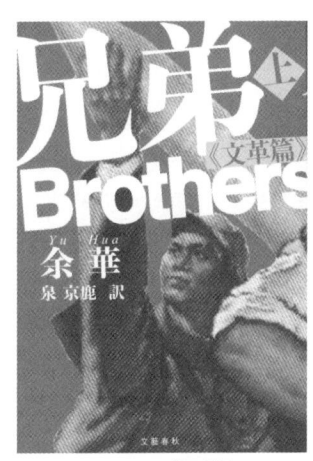

余華(よか)(1960-)の長篇小説『兄弟』上下(泉京鹿訳、文芸春秋、2008)は、20世紀後半の

図6-4『兄弟』

図6-5『河・岸』

---

10 奇想天外、変幻自在な残雪の小説については、『かつて描かれたことのない境地——傑作短編集』(近藤直子他訳、平凡社、2013)において、現在までに発表された作品がまとめられており、手に取りやすいでしょう。

中国の歴史を、圧倒的な筆力で描いた作品です。この小説では、上巻で〈文革〉期の悲劇が描かれた後、下巻において〈改革開放〉以降の状況が、徹底したナンセンスで貶められました。つまり『兄弟』では、1980年代のヒューマニズムの文学と 1990 年代の粗製濫造の読み物が、メタな視点から再構成されているわけです。彼のこの試みは、今なお文壇ほか様々なメディアで絶賛と酷評という評価に二分されており、文学史的な評価が定まっていません。

蘇童(そどう)(1963-)は、歴史の辺縁にいる人々から見た世界を、言葉の機能に注目しつつ、リアリティ豊かに構築した作家です。最近の『河・岸(かわ・ぎし)』(飯塚容訳、白水社、2012)でも、社会の周縁に追いやられた主人公と、正統な社会との相克(そうこく)を、「河」と「岸」の対立という形で象徴的に描きました。蘇童は、貧民、女性、子供、そして身体障害者など社会の辺縁にいる人々が、現代中国においていかなる悲劇を辿っていたのか、繊細な心理描写で表出しようとしているのです。なお、彼の作品については、近年『離婚指南(りこんしなん)』(竹内良雄他訳、勉誠出版、2012)が出版されて、1980 年代から現在までの代表作が読みやすくなりました。[11]

彼ら〈先鋒派〉の作家の他にも、張煒(ちょうい)(1955-)の『九月の寓話』(坂井洋史訳、彩流社、2007)は、地方の農村の発展と崩壊をエネルギー満ち溢れる文体で描いており、傑作として挙げておきたい一冊です。彼の作品からは、特に日本に住む我々のスケールでは捉えることのできない、中国大陸の広さ、深さを、実感をもって知ることもできるでしょう。

この意味において、2012 年の莫言(ばくげん)(1955-)のノーベル文学賞受賞は、先述した高行健(こうこうけん)や劉暁波(りゅうぎょうは)の体制批判とは異なり、むしろ物語の多様化という文脈で考えるべきでしょう。『赤い高粱(コーリャン)』(井口晃訳、岩波現代文庫、2003)を代表とする作品群は、〈魔術的リアリズム〉という手法を用いて、

---

11 〈先鋒派〉の物語は、映画化されることで、より多くの人々に知られることになりました。たとえば、余華の『活きる』(飯塚容訳、角川書店、2002)が『活きる』(張芸謀監督、1994 制作)に、蘇童の「妻妾成群」(千野拓政訳、『季刊中国現代小説』第 1 巻第 20 号、1992)が『紅夢』(張芸謀監督、1991 制作、原題『大紅灯篭高高掛』)に生まれ変わっています。でも、なぜ彼らの物語は、映画になりやすいのでしょうね?

第6章　文学4　同時代　「政治とカネ」の論理を超えて

現実と幻想を錯綜させて描いています。同時代中国の物語は、このように単に体制、反体制の二項対立にとどまらず、複雑化、多様化しているといえるのです。

越境するジャンル――郭敬明（かくけいめい）、韓寒（かんかん）、田原（てんげん）

1980年代までの中国では、知識人あるいは文学者とは、言葉によって社会を変革する存在でした。しかしながら、特に2000年代以降に登場した若い世代の作家は、言葉に拘る（こだわ）ことなく、複数のジャンルを横断して活躍する傾向があります。

まず、**郭敬明**（かくけいめい）(1983-) は、ジャニーズタレントのようなイケメンであり、雑誌モデル、歌手としても活躍する側面も持った人物です。編集者としても有名で、編集長を務める雑誌**『最小説』**（さいしょうせつ）(2006-) において、彼は、狭義の文学作品にとどまらず、ライトノベル、漫画などを掲載しました。日本でも、長篇小説**『悲しみは逆流して河になる』**（泉京鹿訳、講談社、2011）が翻訳されて、知名度が上がりつつあります。

図6-6 『悲しみは逆流して河になる』

次に、**韓寒**（かんかん）(1982-) も、作家でありながらラリーレーサーでもある人物であり、こちらも看過できません。彼は、郭敬明と若者の代弁者と見なされており、ブログなどネット上の発言でも世間を賑わせています。彼の邦訳作品については、現在のところ**『上海ビート』**（平坂仁志訳、サンマーク出版、2002）一冊しかありませんが、注目すべき人物でしょう。他にも、ロック歌手の**田原**（でんげん）(1985-) は、長篇小説**『水の彼方――Double Mono』**（泉京鹿訳、講談社、2009）を書いて、言葉に対する独自の感性を解き放ちました。彼ら1980年代生まれの人々は、日本の消費文化、サブカルチャー（漫画、アニメなど）に影響を受けており、一括りに

77

〈八〇後〉と呼ばれることもあります。こうした新しい世代の文化については、『東アジアのサブカルチャーと若者のこころ』（千野拓政編、勉誠出版、2012）で、豊富なアンケート調査とともに知ることができるので、ぜひ手にとってみてください。[12]

さて、日本では近年、『コレクション中国同時代小説』（勉誠出版、2012、全十巻）が登場し、中国の同時代文学を網羅的に知ることができるようになりました。このシリーズは解説が優れていますので、作品とともに読むことをおススメします。他にも、翻訳はされていませんが、近年の中国では、南派三叔（1982-）による「墓荒し」の小説『盗墓筆記』（2007-）や、「チョーカッコいい」文学雑誌『超好看』（2011-）など、新しい動向も見受けられます。

このように、1990年代以降の中国の作家たちは、「政治とカネ」の論理を超えて、様々な形で文学を再構築してきました。その試みに向き合うことは、国や人の駆け引きやお金の動きだけで善し悪しを判断してしまう、多くの人々の姿を相対化することにもつながるでしょう。中国の同時代文学を考えることは、中国という特殊な地域のことだけではなく、皆さんの生きる世界の成り立ちを、ダイレクトに知ることでもあるのです。

---

[12] 同時代の文化全般について、もっと深く知りたい場合は、雑誌『火鍋子』（翠書房、1992-2014）、『チャイニーズ・カルチャー・レビュー――中国文化総覧』（好文出版、2006-2008、全7巻）や『中国同時代文化研究』（好文出版、2008-）に、刺激的な小説、詩、それに論文がたくさん掲載されています。

第 6 章　文学 4　同時代　「政治とカネ」の論理を超えて

読んでみよう・調べてみよう！

1　中国の作家は、皆さんが学んだ歴史的事件を、いかに語っているでしょうか。歴史と文学を比較して、報告してみましょう

2　1980 年代から活躍している作家は、現在までにいかに作風を変化させているでしょうか。複数の作品を読んで比較し、その意味を探ってみましょう

3　郭敬明、韓寒、田原ら若い世代の作品には、どのように他のジャンルからの影響が表れているのでしょうか。彼らの作品の漫画、音楽、そしてスポーツからの影響を調べてみましょう

第7章
演 劇

新しい演劇を！——伝統と現代の葛藤のなかで

　中国の演劇といえば、みなさんはまず、中国の国劇とも呼ばれる〈京劇〉を思い浮かべるでしょうか。しかし実際には、中国には200種類以上ともいわれる、地方の方言や音楽を用いた〈地方劇〉があります。また、20世紀になって西欧から入ってきたセリフ中心の近代劇、〈話劇〉もあります。このように中国は、とにかく芝居の種類が多いのです。こうしたなか、20世紀の中国演劇は、より多くの人に受け入れ

図 7-1　清代光緒年間の芝居小屋の様子
（出典）徐城北『見て読む中国——京劇の世界』東方書店、2006

られるような、時代にあった新しい演劇をいかに創っていくかという問題に、ずっと取りくんできたともいえます。また、中国にもともとあった演劇と、西欧からきた演劇のせめぎ合いのうえに、この取り組みが展開されてきたともいえるでしょう。

そして実は、こうした中国演劇の動きには、日本という場所や、日本の演劇人や芝居通も、少なからず関わっていたりもします。こうしたことをふまえながら、この章では20世紀を通して試みられてきた演劇の改革について見てゆきたいと思います。

崑曲(こんきょく)と様々な地方劇

〈京劇〉などの中国の伝統劇は、「唱」〔うた〕・「念」〔せりふ〕・「做」〔しぐさ〕・「打」〔立ち回り〕といった四つの演技方法のうえに成り立つ演劇です。また役柄も「生」〔男役〕・「旦」〔女役〕・「浄」〔性格の強い男役、隈取りをする〕・「丑」〔道化役〕に分けられます。つまり、日常生活に近いリアルな演技よりも、あらかじめ決まった様式に重きをおく演劇だといえるでしょう。そして、こうした伝統劇の種類は、中国にはたくさんあります。主なものをみてみますと、まずは〈崑曲〉です。これは元末明初、江蘇省の崑山に生まれた音楽がもとになっており、中国では最も古い演劇のひとつです。2001年にはユネスコにより世界無形遺産に登録されました。また、明代の劇作家・湯顕祖(とうけんそ)(1550-1616)の代表作「牡丹亭還魂記(ぼたんていかんこんき)」(『戯曲集』下、中国古典文学大系第53巻、平凡社、1971)が、2008年に歌舞伎俳優の

図7-2 湯顕祖「牡丹亭還魂記」

第 7 章　演劇　新しい演劇を！――伝統と現代の葛藤のなかで

坂東玉三郎（1950-）と蘇州崑劇院によって合同公演されたことも有名です。崑曲の概説書には『能楽と崑曲――日本と中国の古典演劇を楽しむ』（赤松紀彦他編、汲古書院、2009）があり、能楽との比較で崑曲を説明していて、わかりやすいです。

　さらに他の地方劇をみると、呉天明監督『變臉――この櫂に手をそえて』（1996）という映画で、日本でもよく知られるようになった四川省の地方劇、〈川劇〉があります。この演劇も歴史が古く、一瞬で隈取りを変える変面や、口から炎を吐く吐火の技など、独自の技を育んできました。川劇については『川劇とは何か　何為川劇――張中学講演録』（早稲田大学国際共同研究川劇研究会、1993）を読んでみるといいでしょう。また地方劇のなかには、20 世紀になってから上海などの大都市で成立したものもあります。浙江省で生まれ上海で育った地方劇、〈越劇〉は日本の宝塚歌劇団のように、女性だけで演じられます。ヨン・ファン（楊凡）監督『華の愛――遊園驚夢』（2001）は、「牡丹亭還魂記」の一場面をモチーフにした映画ですが、ここでは宮沢りえ（1973-）と越劇界のスーパースター、趙志剛（1962-）の共演がなされています。越劇については、佐治俊彦『かくも美しく、かくもけなげな――「中国のタカラヅカ」越劇百年の夢』（草の根出版会、2006）が入門書として最適です。

図 7-3『かくも美しく、かくもけなげな』

　20 世紀に上海で成立した地方劇には他に、現代物の演目を得意とする〈滬劇〉[1]や、喜劇を演じる〈滑稽戯〉[2]などがあります。近年、〈吉本

---

[1] 三須祐介「『現代戯』としての滬劇の起源」（『季刊中国』第 76 号、2004）。日本ではあまりなじみのない滬劇の成り立ちを詳しく紹介しています。

[2] 森平崇文「1940 年代の滑稽戯――『小山東到上海』を中心に」（『野草』第 77 号、2006）。また、森平崇文「『海派清口』と『上海吉本新喜劇』――上海お笑い界の新しい動き」（『季刊中国』第 97 号、2009）では、上海での吉本の動向がわかります。

新喜劇〉が上海に進出して話題になりましたが、上海には元々こうした演劇を受け入れる素地(そじ)があったのかもしれません。

ところで、20世紀の中国演劇で最も注目されたのが、様々な地方劇の音楽を取り入れ、清代に北京で成立した京劇[3]です。では次に京劇の名優、梅蘭芳についてみてみましょう。

京劇の華(はな)——梅蘭芳(メイ・ランファン)

20世紀の中国演劇を語る上で**梅蘭芳**（1894-1962）を欠かすことはできません。最近では、彼の生涯(しょうがい)を描いた映画、**陳凱歌**(チェン・カイコー)監督『**花の生涯——梅蘭芳**』(2008)が日本でも上映されました。彼は京劇の名家の家庭に生まれ、旦の演技を学びました。そして次第に頭角(とうかく)をあらわし、1910年ごろにはひいきの客を増やしていきます。その一人に西欧の演劇にも詳しかった**斉如山**(せいじょさん)（1875-1962）がいます。梅蘭芳は彼ら知識人の協力を得て、1914年から京劇の新作演目を次々と作りだしていきます。たとえば「**鄧霞姑**(とうかこ)」「**一縷麻**(いちるま)」などの〈**時装新戯**(じそうしんぎ)〉と呼ばれる一連の演目は、清代から民国初めの時代の衣装を着た芝居で、当時の社会問題を表現するものでした。しかしこの試みは、結局は失敗してしまいます。一方、梅蘭芳らは「**天女散花**(てんにょさんか)」「**嫦娥奔月**(じょうがほんげつ)」といった〈**古装戯**(こそうぎ)〉も手がけました。これは古代の絵画か

図7-4　梅蘭芳「天女散花」

3　中国の代表的な伝統劇とされる京劇の入門書は、たくさん出版されています。ここでは、豊富なカラー画像がついている徐城北著、陳栄祥、施殿文訳『京劇の世界　見て読む中国』(東方書店、2006)、筆者が京劇役者でもある魯大鳴『京劇役者が語る　京劇入門』(駿河台出版社、2012)をお薦めします。

第 7 章　演劇　新しい演劇を！──伝統と現代の葛藤のなかで

らヒントを得て作った衣装を用い、うたやしぐさは京劇の約束事通りに演じるものです。この古装戯の試みは成功し、今日でもよく公演されています。

　このように梅蘭芳は、伝統的な京劇の形をなるべく残しつつ、そこに時代にあった美意識をもちこみ、いかに新しく作りなおしてゆくかという難しい問題に取り組んだのです。[4]梅蘭芳については、『京劇の花　梅蘭芳──美しき伝説のスター　華やかな軌跡』（稲畑耕一郎監修、日中友好会館、2009）や加藤徹『梅蘭芳　世界を虜にした男』（ビジネス社、2009）がおすすめです。特に前者は美しい画像つきで、先にあげた時装新戯や古装戯の作品解説やあらすじも掲載されています。ところで彼は1919年と1924年、さらに1956年と三度も来日公演を行い、国際的にも京劇の地位を向上させてゆきます。

　そしてこれらの公演には、実は多くの日本人の芝居通が関わっていました。たとえば地質学者の**福地信世**（1877-1934）は、1919年の来日公演の実現に尽力し、中国滞在中には梅蘭芳をはじめ当時の役者達や舞台の様子をたくさんスケッチして残しました。[5]また**波多野乾一**（1890-1963）は1924年の来日公演で梅蘭芳の案内役を務め、25年には『支那劇と其名優』（大空社、2004）という京劇

図 7-5　福地信世のスケッチ

　4　梅蘭芳らが従来の京劇にみられた様々な約束事を、いかに新しく再構築しようとしたかについては、有澤晶子『中国伝統演劇様式の研究』（研文出版、2006）があります。
　5　田村容子「福地信世『支那の芝居スケッチ帖』研究──梅蘭芳のスケッチを中心に」（『演劇研究』第30号、2007）参照。この貴重なスケッチは現在早稲田大学演劇博物館に所蔵されています。

史を出版しました[6]。翌年には中国で翻訳がでています。さらに、1956年の来日の際には、この流行にのって京劇関連の本が日本でたくさん出版されました。なかでも河竹繁俊『京劇』（淡路書房、1956）は、代表的な京劇脚本の日本語訳を17本収め、京劇の存在を一般の日本人にひろく知らしめたのです[7]。

近代劇──話劇の台頭

次は西欧の近代劇、話劇について。話劇は西欧から直接中国に入ってきたのではなく、日本を経由してやってきました。その前身が〈文明戯〉です。1907年、新派劇に影響をうけた中国人留学生達が日本で〈春柳社〉を結成すると、同年、そのメンバーによって上海にも〈春陽社〉が成立し、この流れから文明戯がうまれました。文明戯には、背景セットやストーリーを幕でわける分幕制など、日本で学んだ西欧の演劇制度がとりこまれていました。その反面、うたや演技がある点や、明確な脚本

図7-6　1956年5月、羽田に到着した梅蘭芳ら訪日京劇代表団

がないなどの点で当時の伝統劇に近い特徴ももっていました。つまり文明戯は、伝統と近代をうまくひとつにしてより新しい演劇を創ろうとする当時の演劇人達の試みだったともいえます。

一方、梅蘭芳が最初に日本公演をおこなった1919年、中国では

6　また、『順天時報』という当時北京で刊行されていた新聞の記者として、20世紀初頭の京劇の様子を伝えた日本人の著作、辻聴花『支那芝居』（上・下、大空社、2000）も読んでみてください。

7　ほかに、濱一衛著訳、中里見敬整理『中国の戯劇・京劇選』（花書院、2011）には代表的な四作品の邦訳が収められています。京劇の説明も細かくされていて、お薦めです。

第 7 章　演劇　新しい演劇を！──伝統と現代の葛藤のなかで

〈五四新文化運動〉が起こります。ここで、西欧の文化を学んだ知識人達は京劇に代表される伝統劇の技法や特徴を徹底的に批判します。かわりに重くみられたのは日常生活に近いリアルな演技とセリフを中心とする演劇、話劇でした。新文化運動の舞台となった雑誌『新青年』

図 7-7　文明戯の舞台風景

1919 年 6 巻三期には、胡適 (1891-1962) の「結婚騒動」(清水賢一郎訳、藤井省三編『中国ユーモア文学傑作選　笑いの共和国』、白水社、1992) が発表され、この作品が中国最初の話劇作品とされています。こうした話劇の創作に関わったおもな知識人には、日本に留学経験もある田漢 (1898-1968) や郭沫若 (1892-1978)、洪深 (1894-1955)、曹禺 (1910-1996) らがいます。特に曹禺が 1934 年に発表した「雷雨」(飯塚容訳、『中国現代戯曲集　曹禺特集』上、晩成書房、2009) は、典型的な西欧の近代劇の形態をそなえており、話劇の成熟をあらわす作品として評価されています。話劇の概説としては、瀬戸宏『中国演劇の二十世紀──中国話劇概況』(東方書店、1999) がありますので、あわせて読んでみるといいでしょう。

建国後の伝統劇改革と革命模範劇

　1949 年 10 月、〈中華人民共和国〉が成立します。建国後、全国の演劇は北京の共産党中央のもとでコントロールされてゆきます。演劇関係者への政治教育が行われ、上演演目も審査され、演劇界の古い制度は撤廃されました。つまり、党は演劇をとりまく環境を全国的に徹底して改造することで、そこから新しい演劇を作りだそうとしたのです。建国後の演劇界の様子については、京劇役者のエピソードが豊富な加藤徹『京劇──「政治の国」の俳優群像』(中公叢書、2001) や、建国以前からのつながりで伝統劇改革を説明している樋泉克夫『京劇と中国人』(新潮

社、1995）があります。こうして、梅蘭芳ら伝統劇の役者、知識人達はたがいの協力のうえで伝統劇を新しく改革していきます。たとえば50年代には田漢が、白蛇の精と人間の若者の恋愛を描いた「白蛇伝」を執筆します。この劇は、従来の京劇脚本にあった人物像や筋を、時代にあうように改造しています。また、従来の崑曲の脚本をより簡潔にアレンジした「十五貫」などもあり、これらの作品は、新しい伝統劇のかたちを求めた伝統劇改革の成果といえるでしょう。話劇でも老舎（1899-1966）の「茶館」（黎波訳、『老舎珠玉』、大修館書店、1982）などの名作が生まれました。また、もともと西欧のものだった話劇をより中国人に、とりわけ農民層に受け入れやすいものにする改革もなされました。焦菊隠（1905-1975）が演出した郭沫若の「虎府」（須田禎一訳、『郭沫若選集』七巻、史劇編Ⅱ、雄揮社、1986）は話劇の歴史物で、伝統劇の手法を取りいれる試みがなされています。

　こうした50年代の演劇改革の経験は、60年代に〈文化大革命〉が始まると、この時期に創作された〈八つの革命模範劇〉にたどりつきます。それは党によって指定された京劇「紅灯記」「智取威虎山」、バレエ「白毛女」などの八作品で、これ以外の演劇はすべて上演禁止になりました。革命模範劇を指導したのは毛沢東（1893-1976）の妻江青（1914-1991）ですが、彼女がいかに模範劇を捉えていたかは、アメリカ人記者ロクサーヌ・ウィトケによるルポルタージュ、『江青』（上・下、パシフィカ、

図7-8　革命模範劇「紅灯記」
（撮影：大野陽介）

8　松浦恆雄「田漢『白蛇伝』の現代性」（『野草』83号、2008）参照。
9　藤野真子「崑曲『十五貫』の改編について」（『野草』50号、1992）参照。

1977）を読んでみるといいでしょう。文革では名優や知識人が迫害され、多くの悲劇を生みました。このときの俳優達の苦境は**章詒和、『京劇俳優の二十世紀』**（平林宣和他訳、青弓社、2010）、**陳凱歌**監督**『さらば、わが愛　覇王別姫』**（1993）をみるとよくわかると思います。こうして革命模範劇も党のプロパガンダ劇として、文革終了後はながらく白眼視されてきました。しかし、今この革命模範劇、特に京劇がベースになっているいくつかの作品を観てみると、その芸術的な完成度におどろかされます。京劇

図7-9　『中国のプロパガンダ芸術』

のうたや演技が非常に高いレベルで演じられ、しかもこうした伝統劇の手法と、話劇のようなリアルな背景セットや現代的な衣装とのあいだにも違和感がありません。新しい演劇を追い求めてきた20世紀の演劇人達の試みは、革命模範劇で一つの頂点をむかえているともいえるでしょう。模範劇については、**牧陽一、松浦恆雄、川田進『中国のプロパガンダ芸術――毛沢東様式に見る革命の記録』**（岩波書店、2000）や、またリアルタイムに模範劇を観た著者自身の経験談がおもしろい**孫玄齢『中国芝居の人間模様――お前が引っこみゃおれの番』**（田畑佐和子訳、白帝社、2005）がおすすめです。

新時期の探索――より新しい演劇を求めて

さて文革終了後も、演劇人達の新しい演劇を作る試みはとまりません。80年代初頭、これまでの話劇の枠組みを打ち破ろうとする**〈探索劇〉**、つまり実験演劇があらわれてきます。たとえば1982年に**高行健**（1940-）は演出家の**林兆華**（1936-）と共に**「非常信号」**（内山鶉・瀬戸宏訳『中国現代戯曲集　第三集』、晩成書房、2000）を上演し、その従来にない非現実的・象徴的な手法は、周囲に強いインパクトを与えました。また林兆華は

〈林兆華戯劇工作室〉という個人のスタジオを設立し、90年代からはそこで実験的な創作を行っています。彼は劇作家の過士行（1952-）とコンビを組み、〈閑人三部作〉[11]と呼ばれる作品で、多用な演出方法を試みました。50年代の名作話劇「茶館」も、彼の新しい演出方法によってリバイバル上演されています。また、孟京輝（1965-）が脚本と演出を手がけた「思凡」（牧陽一訳、『中国現代戯曲集　第一集』、晩成書房、1994）は、崑曲の演目「思凡」の物語にボッカチオの「デカメロン」の挿話を加えるという凝っ

図7-10　『中国の芝居の見方』

た作品です。一見相容れない作品同士のコラボによって、彼は恋愛の自由をみごとに表現したのです。李六乙（1961-）は父親が川劇役者で、幼い頃より伝統劇の世界にどっぷり浸ってきた演出家です。彼は後に話劇を学びますが、そのボーダーな立場を利用して、自らの作品に伝統劇の手法をとりこみました。「非常麻将」（菊池順子・飯塚容訳、『中国現代戯曲集　第五集』、晩成書房、2004）は、こうした彼の演出の成熟をみせるものでした。こうした演劇人達の伝統劇への深い関心は、21世紀まで持ち越されてゆきます。

　新時期の探索劇については、飯塚容「『改革・開放』後の中国現代演劇」（『アジア遊学』97号、勉誠出版、2007）がわかりやすく、おすすめです。また、2000年頃までの伝統劇の新編作品については、伊藤茂『上海の舞台』（翠書房、1998）や杉山太郎『中国の芝居の見方』（好文出版、2004）など、日

10　高行健の舞台作品の邦訳は他に、「逃亡」（瀬戸宏訳『中国現代戯曲集　第一集』、晩成書房、1994）、「バス停」（飯塚容訳『中国現代戯曲集　第二集』、晩成書房、1995）、「野人」「彼岸」「週末四重奏」（菱沼彬晁・飯塚容訳『高行健戯曲集』、晩成書房、1995）などがあります。ちなみに彼は、2000年にノーベル文学賞を受賞しています。

11　邦訳には「鳥人」、「棋人」、「魚人」があり、それぞれ『中国現代戯曲集』の第一集、三集、四集に収められています。

第7章　演劇　新しい演劇を！──伝統と現代の葛藤のなかで

本人によるレビューがいくつかあります。みなさんが実際に中国で演劇を観るときの、心強いガイドになるでしょう。

北京・上海の劇場について

　最後に、北京と上海の主な劇場について案内したいと思います。チケットはネットでも予約できますが、直接劇場まで行って買うのがまちがいありません。劇場のチケット売り場までゆき、公演日程表（電光掲示板があるところが多いです）をみてどのような演目が公演中なのか確認したら、観たい演目を告げるか、指し示します。すると座席表を見せてくれるので、座席を指定します。後はお金を払って、チケットを受け取りましょう。中国語ができなくても、さほど苦労しないはずです。

◎北京
「長安大戯院（ちょうあんだいぎいん）」

住所：北京市東城区建国門内大街7号

HP：http://www.changantheater.com/

※地下鉄建国門付近にある劇場。北京で伝統劇を観るならやはりここです。

「梅蘭芳大劇院（メイランフアンだいげきいん）」

住所：北京市西城区阜成門北大街平安里大街48号

HP：http://www.bjmlfdjy.cn/

※地下鉄車公庄駅すぐにある劇場。比較的最近オープンした劇場です。

「首都劇場（しゅとげきじょう）」

住所：北京市東城区王府井大街22号

HP：http://www.shoudujuchang.com/

※北京の目抜き通り、王府井大街にある劇場。話劇をみるならまずここで。

91

「蓬蒿劇場」
住所：北京市東城区東綿花胡同 35 号
HP：http://www.douban.com/people/3038000/
※演劇専門の大学、中央戯劇学院近くの小劇場。実験演劇がみられます。

「北京 九 劇場」
住所：北京市朝陽区朝陽路　朝陽路小庄路口東北角
HP：http://www.ninetheater.com/
※朝陽区文化館の中に複数の劇場があり、こちらも実験演劇がメインです。

◎上海
「天蟾逸夫舞台」
住所：上海市黄浦区福州路 701 号
HP：http://www.tianchan.com/
※福州路のはずれにある老舗の劇場。上海の伝統劇はまずここで。

「上海話劇芸術センター」
住所：上海市徐家匯区安福路 284 号
HP：http://www.china-drama.com/page/default.vp.aspx
※安福路にある話劇専門の劇場。地下鉄常熟路駅から少し歩きます。

「下河迷倉」
住所：上海市徐匯区龍漕路 200 弄 100 号
HP：http://site.douban.com/mecooon/
※地下鉄龍漕路下車。倉庫を改造した小劇場。無料の実験演劇があります。

◎日本での公演
　また、年に数回、日本でも中国演劇の公演があります。こちらのHPで公演日程を確認できるので、まめにチェックしてみるといいでしょう。

第7章　演劇　新しい演劇を!―伝統と現代の葛藤のなかで

「『京劇城（きょうげきじょう）』」HP：http://www.geocities.jp/cato1963/KGevent.html

読んでみよう・調べてみよう！

1 京劇、話劇、探索劇など複数の脚本を読み、それぞれの特徴や違い、面白いと思った場面を報告しよう

2 複数の役者または演劇人をとりあげ、それぞれが時代の変化とともにどのような人生を送ったのかをまとめ、報告しよう

3 中国の演劇に関わった日本人には他にどのような人がいたのか、また日本人は中国の演劇をみてどのように感じていたのかを調べ、報告しよう

第8章

映 画

銀幕に映し出される激動の歴史と人々

　中国で初めて映画が上映されたのは 19 世紀末です。上海で一獲千金を狙う外国人興行師たちが、アメリカ映画を上映したことに始まります。そうした興行師の一人、スペイン商人 **A・ラモス**はこの映画興行で頭角を現し、1908 年には上海初の映画館虹口大戯院が誕生、上海は瞬く間に映画館の乱立する映画の都となりました。中国映画[1]の歴史を振り返る時、この「魔都」「東洋のパリ」とも称された上海の発展抜きには語ることはできません。〈**アヘン戦争**〉の結果、〈**南京条約**〉が締結されましたが、これによって開港されて以降、上海はアジアで最も近代化された都市として急速に発展していたのです。[2]

　さて、中国人の手による最初の映画製作は 1905 年、北京で京劇を撮影した『**定軍山**』であったといいます。その後、映画の製作会社やプロダクションも設立し、劇映画も撮られ始めました。1920 年代にいたる頃にはハリウッドの新作が上海ですぐに上映され、映画スターも登場するなど、映画はますます普及の一途を辿っていきました。

　以下、中国映画の歴史を具体的な作品を紹介しつつ見ていくことにしましょう。併せて**戸張東夫**『**スクリーンの中の中国・台湾・香港**』(丸善ブッ

---

[1] 中国映画に関するブックガイドとしては、佐藤忠男『中国映画の 100 年』(二玄社、2006) が良いでしょう。丁寧でわかりやすい作品解説を施しながら、中国映画の 100 年の歴史を振り返っています。詳細なのは程季華主編、森川和代編訳『中国映画史』(平凡社、1987) です。その他、千田大介・山下一夫編『北京なるほど文化読本』(大修館書店、2008) の「映画」の章は、映画審査制度やインディペンデント映画に関しても詳しく、映画をめぐる様々な事柄についても知ることができます。

[2] 上海と映画の関係については、劉文兵『映画のなかの上海──表象としての都市・女性・プロパガンダ』(慶應義塾大学出版会、2004) があります。

クス、1996)、藤井省三『中国映画——百年を描く・百年を読む』（岩波書店、2002）も参考にしてみて下さい。

建国までの中国映画の歩み

　中国映画は1930年代、最初の黄金期を迎えます。〈満洲事変〉を経て抗日運動が盛り上がりを見せる中国大陸では、1920年代の武俠映画（チャンバラ）や感傷的な恋愛映画のブームの流れから一転、抗日のメッセージや社会的な問題意識などを色濃く打ち出した左翼映画が、観客の民族感情や時勢への意識に訴えかけるようになります。小説家茅盾の小説を原作にした程歩高（ていほこう）（1898-1966）監督『春蚕（しゅんさん）』（1933）は農村を写実的に描き出し、中国のある現実を映し出しました。

　この時期の大スター女優が阮玲玉（ロアン・リンユイ）（1910-1935）です。阮玲玉は、孫瑜（そんゆ）（1900-1990）監督『おもちゃ』（1933年）や蔡楚生（さいそせい）（1906-1968）監督『新女性』（1935）に主演し、「無声映画の女王」と呼ばれました。ところが、スキャンダルを売り物にするゴシップ新聞批判がテーマであった『新女性』での主演の後、今度は阮玲玉自身が悪意あるゴシップ記事の対象にされ、それを苦にし、「人言畏る可し（おそるべし）」という遺書を遺して自殺してしまいました。彼女の葬式には何万もの群衆が参加したといいます。文豪魯迅（ろじん）は「"人言畏る可し"を論ず」を発表し、中国社会に根強く残る封建性・頑迷性を批判するとともに阮玲玉の死を悼（いた）みました。

　社会的意識が高い秀作としては、上海の街娼の純粋な妹を町の若者たちが悪人から守る姿を描いた、袁牧之（えんぼくし）（1909-1978）監督『街角の天使』

図8-1　ロアン・リンユイ

(1937) が挙げられます。名優 趙 丹（チャオ・タン）(1915-1980) が明るい青年を好演しています[3]。また、アメリカ映画『オペラ座の怪人』の翻案である馬 徐 維 邦（マーシュイ・ウエイバン）(1905-1961) 監督『深夜の歌声』(1937) は、中国怪奇映画の傑作と言われています。

　この時期、日本の中国侵略政策の一環として、人民教化の目的の下、〈満洲〉〔中国東北部〕に造られたのが満鉄映画製作所、そして満洲映画協会です。人心掌握のため、娯楽映画が中心に撮られました[4]。

　抗日戦争終結後には、戦火のなかの離散家族を描いた蔡楚生監督『春の河、東へ流る』(1947) が大ヒットしました。型通りのメロドラマ調作品ではありますが、家族が離れ離れになり、それが招いた悲劇的展開が、当時の中国の観客の共感を得たのです。また、戦後の上海でモダンな生活を送る兄夫婦のもとに、田舎から母親と弟一家が転がり込んできたために起こる悲喜劇を描いた沈浮（しんふ）(1905-1994) 監督『家々の灯』(1948) や、心優しいが愛のない生活を送っている夫婦のもとに、病気の夫の大学時代の同級生が訪問、実は彼が妻の元の恋人であるとわかったために、三者三様に苦悩する様を田園の美しさのなかに描いた費穆（フェイ・ムー）(1906-1951) 監督『小城之春（しょうじょうのはる）』(1948) がこの時期の傑作と言えます。どちらも悲哀のなかに真実の家族愛、誠実さと真率さの葛藤といった人間の普遍的テーマを織り込んでおり、芸術的完成度の高さを示しています。

建国から文化大革命前後

　1949年10月1日、〈中華人民共和国〉が成立。他の芸術分野と同様、映画も中国共産党の支配下におかれ、イデオロギー喧伝（けんでん）の任務を背負わされることになります。当然のこと、この時期の作品は教条的な色彩を

　3　阮玲玉や趙丹については、石子順『中国明星（スター）物語』（社会思想社教養文庫、1995）が詳しく丁寧な解説で読みやすいです。
　4　詳しくは加藤厚子『総動員体制と映画』（新曜社、2003）や四方田犬彦・晏妮編『ポスト満洲映画論・日中映画往還』（人文書院、2010）など。1937年創刊の雑誌『満洲映画』も復刊（ゆまに書房 2012・2013、全8巻）され、当時の複雑な状況の一端を窺うことができます。

帯び、一気に味気のないものとなっていきました。たとえば孫瑜監督『武訓伝』(1950)は、物乞いをしながら貯めたお金で、貧しい子供たちのために学校を作った実在の武訓という人物を趙丹が演じ、大成功を収めたのですが、1951年に入り、当時の中央人民政府主席毛沢東が『人民日報』に武訓批判の文章を載せたために、この作品は一転して旧思想を批判する典型的な教材となりました。また、この時期には巴金原作・陳西禾監督『家』(1956)や茅盾原作・水華監督『林商店』(1959)など文芸作品も撮られています。

図8-2 『武訓伝』深圳音像公司出版、2012

1966年から始まった〈プロレタリア文化大革命〉では、映画界は大打撃を被ります。名優趙丹も武訓を演じたというそれだけの理由で、徹底的に批判されました。文革期の中国共産党は、民衆への影響力が大きい映画と映画関係者に批判の矛先を向けることで、中国全土における思想闘争をコントロールしようとしていたのです。黄金期を迎えたはずの中国映画の勢いは、完全に失速したのみならず、文革期には活動を停止せざるを得ませんでした。文革期間は〈革命模範劇〉と呼ばれる京劇・バレエ作品のみが上演を許され、映画製作は細々と続けられたものの、市民に上映公開されることはまずなかったのです。

世界に羽ばたく第五世代

10年間続いた文革は1976年に終結、映画製作が復活しますが、文革の傷跡は大きく、良い作品が現れるには1980年代を待たねばなりませんでした。眼科の女性医師を主人公に据え、中国における知識人の生き方や人としての誠実さとは何かを問うた孫羽・王啓民監督『人、中年に到る』[5] (1982) は、文革への痛烈な批判が籠められており、心打たれる作

第8章　映画　銀幕に映し出される激動の歴史と人々

品です。また、呉貽弓監督『北京の想い出』(1982) は、1920年代の北京を舞台にした少女の生活を、センチメンタルかつ抒情的に描きました。文革批判の代表的な作品は、謝晋監督『芙蓉鎮』(1987) です。文化大革命の大波に翻弄される人々の姿と文革終結後も本質的には何も変わっていない中国社会を諷刺的にとらえていますが、感動的な物語となっています。一方、文革時代にすりへらしてしまった青春への鎮魂歌となっているのは、雲南省のタイ族の村に〈下放〉〔文革期に都市部の知識青年が山村・農村で労働に従事した〕させられた北京出身の少女を主人公とした、張暖忻監督『青春祭』(1985) です。美しいタイ族の民族衣装・生活習慣・風習が描かれ、清新な明るい画面のなかには微かな哀しみの織り込まれている秀作です。

　文革終結後の1978年に北京電影学院に入学した学生たちが、84年頃から作品を発表し始めました。彼らこそが後に〈第五世代〉と呼ばれるようになる、世界中が瞠目した監督群です。その代表選手である陳凱歌 (1952-) と張藝謀 (1950-) を見てみましょう。

　陳凱歌の著書には『私の紅衛兵時代──ある映画監督の青春』(刈間文俊訳、講談社現代新書、1990) があります。文化大革命の動乱のなかにあった自らの少年・青春時代を振り返った記録です。その彼の第一作『黄色い大地』(1984) は、いまなお売買婚の行われている極貧の山村で生まれ育った少女が、延安から来た八路軍の兵士と出会い、自由な思想に触れるものの……とい

図 8-3　『黄色い大地』VHS、東芝ビデオ、1986

5　原作の邦訳は諶容『人、中年に到るや』(林芳訳、中公文庫、1984)。
6　原作の邦訳は林海音『城南旧事』(杉野元子訳、新潮社、1997)。
7　原作の邦訳は松井博光・野間宏監修、杉本達夫・和田武司訳『現代中国文学選集2　古華　芙蓉鎮』(徳間書店、1987)。

う物語です。画面を覆わんばかりに映し出される黄土は、重苦しい伝統中国の壁の比喩でしょうか。本作は、海外の映画祭で高い評価を得、世界に中国映画の存在を知らしめることとなりました。カンヌ国際映画祭でグランプリを受賞した『さらば、わが愛——覇王別姫』(1993) は、中国近代の激動の時代に生きた三人の男女の運命をドラマチックに描いた大河小説的メロドラマです。その他、『北京ヴァイオリン』(2002) では父と息子の愛を、『花の生涯——梅蘭芳』(2008) では京劇の名優梅蘭芳の一生を描いています。

図8-4 『紅いコーリャン』DVD、紀伊國屋書店、2004

『紅いコーリャン』(1987) は、『黄色い大地』でカメラを担当した張藝謀の監督第一作です。原作は、後に中国籍作家としては初めてノーベル文学賞を受賞することになる莫言でした。物語は土俗的民話風の荒唐無稽な部分も含みながらも、抗日戦争を背景とした力強い民族の生きざまを描き、赤を基調とした斬新な色彩感覚で観客に鮮烈な印象を与えました。本作はベルリン国際映画祭でグランプリを受賞し、世界映画市場における中国映画の存在感をより強く示しました。その後、1990年代前半にはやはり赤や黄色といった鮮やかな色彩を前面に出した、女性の怨念や強い意志性をテーマとした作品を発表しますが、90年代後半になると、『活きる』(1994)、『あの子を探して』(1997)、『初恋のきた道』(1999) など、純朴な庶民のささやかな日常に温かな眼差しを向けました。

第五世代で忘れてならないのは田壮壮 (1952-) 監督です。『狩り場の

8　原作の邦訳は李碧華『さらば、わが愛——覇王別姫』(田中昌太郎訳、ハヤカワ文庫、1993)。

9　原作の邦訳は莫言『赤い高粱』(井口晃訳、岩波現代文庫、2003)。

10　原作の邦訳は余華『活きる』(飯塚容訳、角川書店、2002)。

掟』(1985) では内蒙古のモンゴル族を、『盗馬賊』(1985) ではチベット族を、それぞれ厳しくも荒々しい自然のなかに、ドキュメンタリー風に描きました。東京国際映画祭グランプリ受賞作品『青い凧』(1993) は、1950 年代から 60 年代に中国人民を虐げ翻弄した政治闘争と文化大革命を、少年の目から母親にスポットを当てた形で撮り、静かに重いテーマを観客に突き付けました。

映画の二極分化──商業的娯楽大作化と庶民の喜怒哀楽

1990 年代に入ると、第五世代によって牽引された中国映画界は、国際的市場を視野に入れて、活況を呈していきます。寧瀛(1959-) 監督『北京好日』(1992) は北京の下町を舞台に、素人京劇団を立ち上げた老人たちの姿を実に活き活きと人情味たっぷりに撮り、いくつもの国際映画祭で受賞の栄誉に輝きました。孫周 (1954-) 監督『心の香り』(1992) は、両親の離婚のために、京劇名優であった祖父にひと夏預けられる

図 8-5 『心の香り』映画チラシ、徳間ジャパンコミュニケーションズ

ことになった小学 6 年生の少年の物語です。祖父と孫の葛藤と心の通い合い、伝統芸能の伝承、南方の庶民生活を情感豊かに描き上げたこの感動作も、国際映画祭で高い評価を得ています。**西沢治彦『中国映画の文化人類学』**(風響社、1999) は、これらの作品を取り上げ、我々外国人の観客にはわかりにくい文化的・社会的背景や民俗事象を紹介し、中国人の生活の奥底まで分け入り、詳しく読み解いてくれます。

霍建起 (1958-) 監督『山の郵便配達』(1999) は、深い山間の集落に手紙を届ける郵便配達員を描いています。[11] 老いた父親が時折昔を回想し

---

[11] 原作の邦訳は彭見明『山の郵便配達』(大木康訳、集英社文庫、2007)。

つつ、仕事を継ぐために同行する息子と犬とともに山道を歩く、それだけの作品ですが、父と子の語らぬ親子愛が美しい自然のなかにゆったりと流れ、観る者を静かな感動に引き込みます。

　一方、既に巨匠の風格を漂わせるようになった第五世代は、次々に大作を発表し始めます。張藝謀監督は『HERO』(2002)、『LOVERS』(2004)、『王妃の紋章』(2006)を、陳凱歌監督は『PROMISE 無極(むきょく)』(2007)を撮りました。これらの作品に共通しているのは、大陸・香港・台湾の中華圏のみならず、日本や韓国などのスターたちを主演陣に据え、時にはファンタジー的要素も取り入れつつ男女の愛憎を描いている点と、民族色を濃く打ち出した豪華な衣装や王宮、派手なアクションによる活劇や戦闘シーンといった、観客を圧倒させる仕掛けをふんだんに取り入れている点です。こうしたエンターテインメント大作は国内外で大ヒットしましたが、製作費も莫大であり、中国国内では「外国人の観客に媚び諂(へつら)った金食い映画」といった声が上がっています。この点においては、同じ第五世代の田壮壮監督が40年代の名作『小城之春』をリメイクして『春の惑い』(2002)を撮り、近代映画の名作をより美しく清澄(せいちょう)な作品に甦らせたのとは対照的であるといえるでしょう。

　一般庶民の哀歓を描き、観客の心に訴えかけた作品も生まれています。張楊(チャン・ヤン)(1967-)監督『胡同(フートン)のひまわり』(2005)は父と息子の軋轢(あつれき)と和解を、哈斯朝魯(ハスチョロー)(1966-)監督『胡同の理髪師』(2006)は93歳の現役理髪師の日常を、失われつつある〈胡同(フートン)〉〔北京の横町〕を舞台に描いており、しみじみとした余韻を残します。賈樟柯(ジャ・ジャンクー)(1970-)監督『世界』(2004)は北京のテーマパークのダンサーを主人公に据えた、劇的なまでに成長し変貌を遂げる大都市のなかの孤独と行き場のない愛情の物語です。さらに賈樟柯監督は国家プロジェクトで

図8-6　『世界』映画パンフレット、オフィス北野

あった長江の三峡ダムの建設と、それによって沈みゆく町に暮らす人々に光を当てた『長江哀歌』(2006)や、閉鎖した国営工場に勤務していた人々が自らの過去を振り返る『四川のうた』(2008)を続けて発表しました。[12]

こうして見てみると1990年以降の中国映画は、商業的な成功を当て込んだ超娯楽大作と、市井の人々の暮らしや心の内面に分け入った作品の二極分化という特徴を指摘できるでしょう。

また、中国は21世紀に入ってからアニメ振興策を取り始めました。これまでも『ナーザの大暴れ』(1979)や切り絵アニメ『蝴蝶泉』(1983)、水墨画アニメ[13]『鹿鈴』(1982)など、アニメーション映画の製作にも独自の歴史はあったのですが、日本を主とした海外アニメに完全に押されていたため、国を挙げてアニメを一大産業にしようと目論んだのです。ただ、中国産アニメはまだ日本では大々的に紹介・上映されていません。

近年、〈インディペンデント映画〉も盛んになっています。中国の映画館では、政府の検閲を通った映画の上映しか認められていません。つまりインディペンデント映画に携わる人々は、政府の圧力や妨害を受けつつ、撮りたい作品を撮っているのです。本国での上映は叶いませんが、海外では上映されることがあります。中でも王兵(ワン・ビン)(1967-)監督の『無言歌』(2010)は、1960年代の政治キャンペーンの結果、強制労働施設に送られた人々の、人間性を奪われた生活を描き、世界各国で絶賛を浴びました。

香港映画──商業主義的エンターテインメントと新たな模索

〈**香港映画**〉は長らく徹底的な娯楽主義・商業主義を貫いてきました。1960・70年代のカンフー映画ブームがその象徴であり、**ブルース・リー**

12　霍建起、賈樟柯らの作品については応雄編著『中国映画のみかた』(大修館書店、2010)やジャ・ジャンクー『ジャ・ジャンクー「映画」「時代」「中国」を語る』(丸川哲史・佐藤賢訳、以文社、2009)に詳しい紹介や分析があります。

13　小野耕世『中国のアニメーション──中国美術電影発展史』(平凡社、1987)に詳しい紹介があります。

（李小龍、1940-1973）とジャッキー・チェン（成龍、1954-）の二大スターを生みました。激しいアクションと伝統的な英雄武俠物語で観客を興奮させてきたのです。この英雄武俠の流れは、警察と麻薬密輸組織の熾烈な戦いを描き、エンターテインメントの枠を超えた〈香港ノアール〉の名作とも言われる**アンドリュー・ラウ**（劉偉強、1960-）監督『**インファナル・アフェア**』（2002）にも連なっています。

そのような中、**王家衛**（ウォン・カーワイ）（1958-）監督の『**恋する惑星**』（1995）はスタイリッシュな映像美と、とりとめないながらも国際都市香港に生きる若者の乾いたような切ないような物語で、カンフー映画ファンとは全く異なる新たな香港映画ファンを獲得しました。

また、**アン・ホイ**（許鞍華、1947-）監督『**女人、四十。**（にょにん）』（1995）は、突如痴呆の症状が現れた老父を抱えた息子夫婦の人情喜劇です。嫁の立場で苦労するヒロインを演じたジョセフィーヌ・シャオ（蕭芳芳）は、ベルリン国際映画祭で最優秀主演女優賞に輝きました。このように、商業主義的作品だけではなく、観客の心に訴えかける佳作も模索され続けています。

カンフーとサッカーを融合させたダイナミックな娯楽大作、**周星馳**（チャウ・シンチー）（1962-）監督の『**少林サッカー**（しょうりん）』（2001）は、日本の漫画『キャプテン翼』の影響を指摘できるほどの現実ではあり得ない技を、特撮とCGを駆使して表現し、香港市民を熱狂させました。

台湾映画——歴史の闇・都会の喧騒・青春の痛み

台湾の歴史は複雑です。〈日清戦争〉後、日本の植民地になったかと思えば、日本の敗戦後は中国に復帰、中国大陸から移ってきた国民党軍の支配下に置かれました。ところが、国民党軍の腐敗堕落は甚だしく、台湾人の憎悪の対象となっていきます。1947年2月28日、とうとう〈**台北**（タイペイ）〉市民の国民党軍への憤りが爆発して〈二・二八事件〉が起きました。この事件をある大家族の目を通して描いたのが、**侯孝賢**（ホウ・シャオシエン）（1947-）監督『**悲情城市**（ひじょうじょうし）』（1989）です。台湾近代史の記録ともいえるこの作品は、

第 8 章　映画　銀幕に映し出される激動の歴史と人々

上映開始後わずか二カ月で 110 万人もの観客動員数を記録するなど台湾で大ヒットし、ヴェネツィア国際映画祭ではグランプリを受賞しました。侯監督の作品は一種の郷愁に満ちており、自伝的作品である『童年往時』(1985) や、ごく普通の少年が青年へと成長していく様を、情感を籠めて描いた『恋恋風塵』(1987) にもそのノスタルジーを感じ取ることができます。

エドワード・ヤン（楊德昌、1947-2007）監督は 1960 年代初頭の台北社会の閉塞状況に生きる少年たちを『牯嶺街少年殺人事件』(1991) に映し出しました。少年による少女殺害というショッキングな事件を素材として、当時の台湾が文化的・社会的な非コミュニケーション状態にあったことを観客に示しています。

「青春」を対照的に描いた二作を紹介しましょう。蔡明亮（ツァイ・ミンリャン）(1957-) 監督『青春神話』(1992) と易智言（イー・ツーイエン）(1959-) 監督『藍色夏恋』(2002) です。『青春神話』は都市台北の急速な発展を背景に、受験生の少年の孤独な心と暗い絶望感を描きました。一方、『藍色夏恋』は同じく台北が舞台ですが、複雑な初恋に揺れる高校生の少女の切ない心を

図 8-7　『悲情城市』VHS 東宝株式会社、1991

図 8-8　『藍色夏恋』DVD、ポニーキャニオン、2004

14　二・二八事件と『悲情城市』についての田村志津枝『悲情城市の人びと ── 台湾と日本のうた』（晶文社、1992）は力の籠ったノンフィクションです。また、前野みち子他編『侯孝賢の詩学と時間のプリズム』（あるむ、2012）では侯孝賢作品の詳細な分析がなされています。

繊細かつ爽やかに織り上げました。

　台湾で生まれ育ち、後にアメリカに渡った**アン・リー**（李安、1954-）監督は、『**ウェディング・バンケット**』(1993)、『**ブロークバック・マウンテン**』(2005)、『**ラスト、コーション**』(2007)[15]など、一見愛し合ってはいけないと思われているカップルを描くことで、体制に抑圧される人々の欲望や愛情を鮮烈に示しています。

　そして、**魏徳聖**（ウェイ・ダーション）(1969-)監督『**海角七号　君想う、国境の南**』(かいかくななごう)(2008)は、興行収入としては台湾歴代一位を記録しました。植民地時代からの日本との関係や多民族社会の特質を描き、それらが娯楽性とマッチした結果、大衆の支持を得たのです。魏監督が2011年に発表した『**セデック・バレ**』は、日本統治下で起きた〈原住民〉〈セデック族〉による抗日暴動〈霧社事件〉(しゃ)を描いた台湾映画史上最大の歴史映画です。痛々しいまでに強烈な民族の誇りやプライドが描かれ、観る者の心を震えさせます。

　台湾映画についての参考書としては、**田村志津枝**（たむらしづえ）『**台湾発見　映画が描く"未知"の島**』(朝日文庫、1997) が挙げられます。また、**三澤真美恵**『「**帝国」と「祖国」のはざま――植民地期台湾映画人の交渉と越境**』(岩波書店、2010) は、植民地期の台湾映画の歴史を詳細に追っています。

　これら中国大陸・香港・台湾を広く中華圏ととらえると、中華圏映画に関しては、中華圏映画のスターたちを語ったエッセイである**粉雪まみれ**『**恋愛的中華電影明星誌　チャイニーズ・シネマ・スター・オデッセイ**』(集英社、2001) や、スター級の俳優・監督計四人に関して丁寧な紹介・解説を施した**石子順**（いしこじゅん）『**中国映画の明星　朱旭**（チュー・シュイ）、**姜文**（チアン・ウェン）、**張藝謀**（チャン・イーモウ）、**張國榮**（レスリー・チャン）』(平凡社、2003)、中華圏映画のなかの日本・日本文化表象を読み解いた**林ひふみ**『**中国・台湾・香港映画のなかの日本**』(明治大学出版会、2012) などがあり、様々な角度から中華圏映画を紹介しています。

　映画はその国の文化・社会を知る格好の材料ですが、それ以上に、どの国のどの時代にも、現在の私たちと変わらぬ喜びや悲しみがあるとい

15　原作の邦訳はアイリーン・チャン『ラスト、コーション　色・戒』(南雲智訳、集英社文庫、2007)。

第8章 映 画 銀幕に映し出される激動の歴史と人々

う、ごく普遍的な事実を告げてくれてもいるのです。
　映画作品を幾つも鑑賞し、お気に入りの一作をみつけてみましょう。

観てみよう・調べてみよう！

1 中国映画を複数作品観て、歴史的・文化的・社会的背景を調べて報告しよう

2 香港映画に見られる都市文化のあり方を考察し報告しよう

3 台湾映画には日本文化の名残りが多く見られるが、台湾と日本の関わりについて調べて報告しよう

第9章
美術

水墨画からアバンギャルドまで

　中国の美術と聞くと、山水を描いた水墨画を思い浮かべる人が多いのではないでしょうか。仙人が住むような奥深い山、たなびく雲。中国の長い歴史のなかで、水墨画は書とともに、読書人の悠然とした精神世界を表現してきました。しかし、19世紀末の〈清朝〉末期、西洋近代文明が輸入されると、時代の転換とともに新しい美術の形と精神が求められるようになります。

　〈中華民国〉期（1912-1949）の初頭から半ばにかけて、上海を中心とした都市では、西洋風のモダンな美術が人々の憧れを集めました。1937年に〈日中戦争〉が勃発すると、一転して美術は愛国心を鼓舞する政治的な役割を担います。そして、1949年の〈中華人民共和国〉成立後、美術は社会主義の宣伝という新たな役目を引き受け、毛沢東など指導者の姿が繰り返し描かれました。ふたたび美術界に大きな変動が起きたのは、〈改革開放路線〉が唱えられた1970年代後半のことです。それまでの政治優先の美術へのレジスタンスとして、個人の表現の自由を求める現代アートが展開されました。

　美術はまさに中国の変動を映し出す鏡だといえるでしょう。本章では、民国期を中心とした中国の近現代美術の流れについて紹介します。

日本美術留学の流れ

　清朝末期から民国期にかけて美術改革の先頭に立ったのは、留学先の明治・大正日本で美術を学んだ人たちでした。「美術」という言葉もまた日本語から中国語に取り込まれたものです。近代化をすすめる中国で

は、〈明治維新〉を遂げた日本への留学がブームとなり、〈日露戦争〉直後のピーク時には、1万人以上の中国人留学生が日本に滞在していました。東京美術学校〔現東京芸術大学〕にも多くの中国人留学生が在籍し、主に洋画を学びました。

　先駆者の一人であり、また中国近代音楽の創始者となった**李叔同**（1880-1942）は、明治画壇の大御所であった**黒田清輝**の影響を受け、外光派の写実的な画風を中国に持ち帰りました。後に触れる**豊子愷**は、彼の教え子です。また後輩にあたる**陳抱一**（1893-1945）は、**藤島武二**について学び、大正ロマン主義の作風を身に付けました。美術専攻の日本の女子学生と恋愛結婚した彼は、帰国後も「白樺派」の画家**有島生馬**〔作家有島武郎の弟〕と親交を重ねるなど、日中の美術界をつなぐ立場にあった人物です。[1] 現在、天津に「**李叔同旧居記念館**」、浙江省平湖市に「**李叔同記念館**」がオープンしています。美術を介した日中の文化交流については、**陸偉榮**『**中国近代美術史論**』（明石書店、2010）でその詳細が述べられています。

図9-1　李叔同「自画像」1911、東京芸術大学大学美術館所蔵

洋画の勃興

　イギリスをはじめとする欧米の〈租界〉を擁し、国際都市として繁栄した上海では、積極的に西洋文化を吸収する気風が育まれてきました。このため、洋画科を設けた近代的な美術学校はいち早く上海で創設され、洋画の発展の拠点となります。**劉海粟**（1896-1994）が創立した中国初の

---

[1] 金子光晴「上海より」（『世界見世物づくし』中公文庫、2008）では、詩人金子光晴・作家森三千代夫妻が上海で陳抱一と出会った際の様子が綴られています。

第 9 章　美術　水墨画からアバンギャルドまで

美術学校である上海図画美術院は、同時にまた中国初の男女共学校でもありました。時代に先駆けて、デッサンの授業にヌードモデルを採用したため、校長の劉が訴えられるなど、世間を大いに騒がせました。一方、東京美術学校の卒業生であり、新たな芸術運動を目指した**王道源**（おうどうげん）（1896-1960）が創立した上海芸術専科学校は自由な校風で知られ、ジャズを流し、フランスの印象派の画風を教授した同校は、中国のモダニズム美術を育（はぐく）む場となりました。

図 9-2　劉海粟「北京前門」1922、劉海粟美術館（中国）所蔵

　1920 年代に入ると、同時代的な西洋の前衛美術を取り入れる動きが高まり、日本留学のほか、フランスへの美術留学の流れも生じてきます。フランス留学派を代表する**林風眠**（りんふうみん）（1900-1991）は、フォーマリズム〔形式主義〕の影響を受け、水墨画と抽象的な洋画を融合させた新しい絵画の領域を開拓しました。彼の業績をしのび、浙江省杭州（こうしゅう）市には「**林風眠故居記念館**」が建てられています。また日本滞在中の中国人留学生が結成した文学団体〈**創造社**（そうぞうしゃ）〉の一員であった**倪貽徳**（げいいとく）（1901-1970）は、留学先の日本でピカソらが唱えたキュビスム〔立体派、対象を複数の面に分解し、幾何学的に再構成する〕やシュールレアリスム〔超現実主義、非合理なものや深層心理の表現を追求する〕と出会い、1930年代に中国初のモダニズム美術団体〈**決瀾社**（けつらんしゃ）〉を組織しました。彼の教

図 9-3　林風眠「檸檬」
（出典）『林風眠画集』上海人民美術出版社、1979

111

え子である梁錫鴻(りょうしゃくこう)(1912-1982)、趙獸(ちょうじゅう)(1912-2003)らは、さらに〈中華独立美術協会〉を結成し、東京、上海、出身地の広州の三都市を結ぶモダニズム運動を起こしました。[2]

さて、洋画が普及した1930年代は、「新女性」が活躍した時期でもありました。近代美術を代表する女性画家の潘玉良(はんぎょくりょう)(1895-1977)は、留学先のパリで開催した個展で高い評価を得、帰国後は洋画の第一人者となりました。しかしながら、幼少期に妓楼に売られた過去がゴシップとなり、心ない中傷を受け、再びフランスへ渡ります。中国映画『画魂(がこん)、愛、いつまでも』(1992)[3]では、彼女の芸術に捧げた波乱の生涯をその作品とともに紹介しています。また、上海の画壇で活躍し、「令嬢画家」と称された関紫蘭(かんしらん)(1903-1986)は、留学先の日本で中川紀元(なかがわきげん)に師事し、マティスに代表されるフォーヴィスム〔野獣主義、大胆な筆のタッチ、原色使いを特色とする〕の技法を学びました。[4]『民国期美術へのまなざし――辛亥革命百年の眺望(しんがい)』(瀧本弘之編『アジア遊学146』勉誠出版、2011)では、このような百花繚乱の民国期の美術を多様な視点から取り上げています。

図9-4　潘玉良「自画像」1944
(出典)石楠『画魂 潘玉良』時代文芸出版社、2003

2　民国期の美術の多様性については、呉孟晋「誌上の展覧会をめざして『良友』画報と民国期の美術」(『《良友》画報とその時代』アジア遊学第103号、勉誠出版、2007.9)が参考になります。
3　原題は『画魂』(監督:黄蜀芹)、石楠の小説『画魂 潘玉良伝』を原作としています。2003年にはさらにテレビドラマ化(中央電視台)されました。
4　関紫蘭の作品の一部は、静岡県立美術館に収蔵されています。

第 9 章　美 術　水墨画からアバンギャルドまで

漫画・ポスターの流行

　ところで、洋画や水墨画などいわゆる正統的な美術の流れのほか、1930 年代に入ると、印刷技術の向上に伴い、漫画やイラスト、商業ポスターが流行しました。その背景には、上海を中心とする都市の大衆メディアの発達、それを楽しむ中国人のホワイトカラー層の誕生が挙げられます。時代の動きをキャッチする１コマ漫画は、列強支配、資本家の腐敗、モダンガールの活躍など、中国社会を取り巻くニュースや問題を面白おかしく、諷刺的に描きました。〈連環画〉〔絵本形式の物語〕が発展したのもこの時期です。浮浪児の少年三毛を主人公とした張楽平（1910-1992）の漫画『三毛流浪記』は、名もなき庶民の視点から日本軍の中国侵略を含めた社会の矛盾を描き、大ベストセラーとなり、シリーズ化されました。またグラビア雑誌の台頭により、イラストレーターの郭建英（1907-1979）らは、モダンな都市風景を軽いタッチで描いた挿絵で活躍しました。
　そのほか、煙草会社を広告主とし

図 9-5　『三毛流浪記』1947-1948、上海三毛形象发有限公司所蔵

図 9-6　郭建英「冷熱交響曲」1932
（出典）陳子善編『摩登上海―三十年代洋場百景』広西師範大学出版社、2001

　5　三毛漫画は、「三毛漫画網」（http：//www.sanmao.com.cn）のホームページで気軽にのぞくことができます。

113

た「月份牌」〔カレンダー付きの商業ポスター〕が盛んに制作されました。その多くは、華やかなチャイナドレス姿の女性をイメージキャラクターとして起用し、現代風の美女像の普及に大きな影響を与えました。**村松伸『図説　上海モダン都市の 150 年』**（増田彰久写真、河出書房新社、1998）では、これらのポスターの豊富な写真を交えながら、上海の多様なメディア文化について紹介しています。[6]

図 9-7　杭稺英「姐妹花」1926、高建中氏所蔵

民間美術へのまなざし

都市文化が爛熟に向かう一方、不平等な社会の改革を訴える学生や労働者の運動が起こり、美術もまた社会問題へ目を向け始めます。近代中国の知識人を代表する**魯迅**（1881-1936）は、作家として知られていますが、彼は美術にも深い関心を寄せ、**蕗谷虹児**や**ビアズリー**などの画集を刊行しています。彼はまたドイツの女性版画家**コルヴィッツ**の作品をはじめとする、労働者の悲哀を描いた「**新興版画**」〔創作版画〕の紹介者でもありました。**内山嘉吉・奈良和夫『魯**

図 9-8　陳卓堃「魯迅像」1931、神奈川県立近代美術館所蔵

---

6 「月份牌」の写真を多数収めた資料として、英語・中国語併記の鄧明編『Monthly Calendars from the Era／老月份牌年画』（上海：Shanghai Pictorial Publishing House、2003）があります。

迅と木刻』(研文出版、1981)、『一九三〇年代　上海　魯迅』(飯倉照平監修、町田市立国際版画美術館、1994)で紹介されているとおり、北京を離れ、上海に移り住んだ魯迅は、内山書店の店主の弟で日本の美術教師であった**内山嘉吉**を招いて、中国初の新興版画の講習会を開催しました。通訳は、日本留学経験者である魯迅が自らつとめました[7]。「自画、自刻、自刷」の技術を学んだ青年芸術家たちは、抑圧された人々を描く民間美術としての版画運動を支えることになります。

　内山書店を営んだ**内山完造**と魯迅の厚い友情は、内山の自伝『花甲録——日中友好の架け橋』(東洋文庫、平凡社、2011)で回想されています。また魯迅は、名もなく上海を放浪していた詩人の**金子光晴**、画家の**宇留河泰呂**とも親しく交わり、彼らの生活の糧となるよう二人の絵を買い取っています。大正アバンギャルドに参加した宇留河は、上海では創造社など日本と縁のある作家たちと交流を持ち、彼らの作品集や雑誌のイラストを手がけました。今日なお、上海の「**魯迅故居**」に飾られている宇留河の油絵は[8]、当時の日中文化人たちの時代の制約にとらわれない自由な心の行き来を伝えています。

　そのほか、文人画風の趣ある1コマ漫画で市井の人々の生活を描いた**豊子愷**(1898-1975)の「子愷漫画」は、彼が日本でふと手にした**竹久夢二**の画集からインスピレーションを得たといわれています。**西槇偉**『**中国文人画家の近代——豊子愷の西洋美術受容と日本**』(思文閣出版、2005)では、彼が日本を通して西洋美術を受容し、

図9-9　豊子愷「村学校的音楽課」
(出典)盛興軍主編『豊子愷年譜』青島出版社、2005

---

[7]　奈良和夫「魯迅と中国新興版画」は、本文中で挙げた瀧本弘之編『民国期美術へのまなざし　辛亥革命百年の眺望』に収められています。

[8]　油絵「逆立ちする娘」。同油絵のエピソードは、NHK取材班編『魔都上海　十万人の日本人』(角川書店、1995)、嶋田英誠「魯迅故居でであった一枚の絵」(『月刊中国図書』第11巻第5号、内山書店、1999.5)に記されています。

東洋と西洋の美術の融合を試みた過程が述べられています。その詩情あふれる画は今日なお人気が高く、上海では「豊子愷故居」、浙江省桐郷市では「豊子愷記念館」が公開されています。

水墨画の改革

さて、洋画が新興都市の上海を中心に勃興したのに対して、水墨画は元代の大都の時代より首都であった北京を中心に、伝統的な画壇が築かれてきました。水墨画は中国の芸術を代表するものでしたが、民国期に入ると、旧社会の産物として批判を受け、水墨画の改革が唱えられるようになりました。

その先頭に立った北京画壇の陳師曾(1876-1923)は、水墨画に洋画の写実性を取り入れることを説き、自らも実践しました。また湖南の農村で生まれ育った斉白石(1863-1957)は、読書人としての正式な絵画教育を受けたことがなく、ふるさとの野山の草花など自然を天衣無縫な筆で描きました。その伝統に縛られない自在な筆致は、水墨画に新風を吹き込みました。そのほか、水墨画の改革者として、上海の呉昌碩(1844-1927)、広州の高剣父(1879-1951)・高奇峰(1888-1933)兄弟の名が挙げられます。

図9-10 斉白石「桂林山」1924、故宮博物館(中国)所蔵

日中戦争が勃発すると、洋画から水墨画への回帰が見られるようになります。徐悲鴻(1895-1953)は水墨画と洋画の印象派に共通点を見出し、馬をモチーフとした躍動感あふれる水墨画を残しました。前出の劉海粟は、石井柏亭との交流から日本の美術界を視察し、さらに欧州視察に赴き、水墨画にフォーヴィスムの原色を取り入れた新たな作風を確立しま

した[9]。北京の「**徐悲鴻記念館**」、上海の「**劉海粟美術館**」では、彼らの作品をじかに鑑賞することができます。また「**京都国立博物館須磨コレクション**」には、上記の水墨画の改革に尽力した画家たちの作品が収められています[10]。

戦争・社会主義のプロパガンダ美術

1937年に〈日中戦争〉〔中国では「抗日戦争」と呼ぶ〕がはじまると、芸術家たちの関心は戦争に集まり、美術界でも「美術救国」が提唱されるようになりました。北京、上海をはじめとする都市の美術学校は、日本軍の攻撃を避け、〈国民党統治地区〉の雲南、四川に移転して授業を続けました。また〈共産党統治地区〉の延安では、〈魯迅芸術学院〉が創設され、社会主義国ソビエトの芸術理論を取り入れるなど、各自の美術運動が展開されました。

戦火のなか、民国期に開花したモダンな美術作品は姿を消し、中国軍の雄姿を描く戦争画が次々と制作されました。また中国固有の民族形式が模索され、リアリズムの手法が重視されるようになり、その中心と

図9-11 鄭野夫「堅持」1932、神奈川県立近代美術館所蔵

なったのは、プロパガンダ〔宣伝〕として即効性のある漫画や「年画」〔民間の風習で、新年に住居に貼る、お目出度い図柄を描いた版画や絵〕、新興版画でした[11]。

---

9 劉海粟と石井柏亭など、1920年代から30年代の上海における日中文化人の交流については、陳祖恩著、大里浩秋監訳『上海に生きた日本人──幕末から敗戦まで』(大修館書店、2010)で詳しく述べられています。

10 美術展のカタログである『中国近代絵画と日本』(京都国立博物館、2012)、『中国山水画の20世紀──中国美術館名品選』(東京国立博物館、2012)には、詳細な解説が付されています。

11 伝統的な年画については、『春節の祈り──中国・年画と紙馬の世界』(那須塩原市那須野が原博物館、2007)が参考になります。

戦時の新興版画運動については、『中国抗日戦争時期新興版画史の研究』（瀧本弘之他、研文出版、2007）が参考になります。一方、水墨画では、張善孖（ちょうぜんし）（1882-1940）などの手により虎や歴史上の英雄を題材とした、密かに中国人の愛国心を鼓舞する作品が創作されました。

戦争終結後、息つく間もなく、今度は国民党と共産党の内戦が激化します。1949年に共産党が主権を握る中華人民共和国が成立すると、美術を含めた芸術界全体において、ソビエトを手本とする社会主義プロパガンダの形式が創られます。

図9-12　文化大革命時期のポスター1968年頃
（出典）秋山孝『Chinese Posters/中国ポスター』朝日新聞出版、2008

さらに〈プロレタリア文化大革命〉（1966-1976）をはさみ、美術は戦時以上に国家の統制のもとに置かれていたといえるかもしれません。庶民が親しみやすい年画や漫画のスタイルが用いられ、とりわけ連環画は英雄的な指導者と模範的な労働者を称える民族教育のテキストとして活躍しました。[12] 牧陽一・松浦恆雄・川田進『中国プロパガンダ芸術——毛東沢様式に見える革命の記憶』（岩波書店、2000）、秋山孝『Chinese Posters／中国ポスター』（朝日新聞出版、2008）では、プロパガンダを担った近代美術の在り方を詳述しています。[13]

挑戦する現代アート

1976年、10年にわたるプロレタリア文化大革命が終結すると、北京

12　武田雅哉「中国の〈連環画〉をめぐって——〈日本鬼子〉を鑑賞しつつ」（乾淑子編『戦争のある暮らし』水声社、2008）では、建国から今日にいたるまでの連環画の歴史と描かれた日本人像の特徴を述べています。

第9章　美術　水墨画からアバンギャルドまで

では美術団体〈星星画会〉が結成され、メンバーは芸術の自由と政治の民主化を求めてデモ行進を行いました。その中心メンバーとなった黄鋭（1952-）、艾未未（1957-）は、アンディ・ウォーホールなどの作品を手本に、絶対的指導者であった毛沢東の肖像を羅列したシルクスクリーンを制作するなど、政

図9-13　方力鈞「系列二之二」1991-1992
（出典）鄒躍進『新中国美術史──1949-2000』湖南美術出版社、2002

治批判としての中国のポップ・アートを創り上げました。しかし、ようやく芽生えた前衛美術の兆しも、政府の「反精神汚染」キャンペーンにより弾圧を受け、80年代初頭、関係者は海外への亡命を余儀なくされます。『アイ・ウェイウェイは語る』（ハンス・ウルリッヒ・オブリスト、尾方邦雄訳、みすず書房、2011）、『艾未未読本』（牧陽一編、集広舎、2012）は、中国国内で反体制的な姿勢を貫き、また国際的に活躍する艾未未へのインタビューをまとめ、かつ作品を紹介し、アーティストの多面的な実像に迫ります。

　1980年代に入ると、アーティストたちは身体パフォーマンスを中心とした、より前衛的な「八五美術運動」を展開します。架空の漢字を綴る徐冰（1955-）の作品は、今日の中国の国制度の架空性を風刺しているといわれています。そのようななかで起きた1989年〈天安門事件〉の挫折は、アーティストたちを失意の殻に閉じこめ、虚無的な作品が生み出されました。方力鈞（1963-）の油絵では、人間の無機質でゆがんだ

13　建国から文化大革命終結までの美術の流れを知るには、陳履生『新中国美術図史1949-1966』、王明賢・厳善錞『新中国美術図史1966-1976』（北京：中国青年出版社、2000）がお薦めです。また時事の年表とともに美術品の写真を豊富に収めた劉樹勇編著『新中国美術文献博物館：1949-1999』全8巻（哈爾浜：黒龍江教育出版社、2001）、鄒躍進『新中国美術史：1949-2000』（長沙：湖南美術出版社、2002）は、建国から今日にいたるまでの激動の美術史を理解するのに役立ちます。

表情を描き、社会の不条理さを語り続けています。

一方、市場経済の導入による急速な経済発展にともない、人々の関心は政治から離れ、消費文化へと吸い込まれてゆくことになります。北京の「七九八芸術区」や上海の「東廊画廊」のように、政府の管理下のもと商業的な芸術地区が次々と開発

図9-14　七九八芸術区
(出典) 李九菊・黄文亜編著『現場——798芸術区実録』文化芸術出版社、2005

され、工場の廃墟に建設された巨大エリアには、展示場、画廊とともに、カフェやショップが並び、観光スポットの一つとなっています。さらに現代アートは投資の対象へと姿を変え、世界のオークション市場において、高値の取引物件として注目されるようになりました。このような風潮に抗し、アウトローとして北京の郊外に芸術家村を作り、消費社会を風刺する王慶松（1966-）ら「ポスト八九世代」〔八九は天安門事件の年〕の活動も健在です。麻生晴一郎『北京芸術家村——抵抗と自由の日々』（社会評論社、1999）は、著者自らが芸術家村を訪問した渾身のリポートです。また現代アートの全体像と動向は、牧陽一『中国現代アート——自由を希求する表現』（講談社、2007）で詳しく述べられています。[14]

今日、環境破壊や民族紛争などの問題を抱えながら、経済発展を続ける中国。アートの消費文化としての流布と反体制的なアバンギャルドとしての創作活動という二つの流れは、中国社会の構造を示しているともいえます。なお、多様な価値観の噴出により、長きにわたり忘れられてきた民国期の美術に関する再評価も進められるようになりました。日本国内でも、「福岡アジア美術館」のコレクションでは、人民共和国建国

14　朱大可・張閎主編、高屋亜希・千田大介監訳『チャイニーズカルチャーレビュー——中国文化総覧』vol.1～7（好文出版、2005-2010）「美術」の項目では、2001年から2008年までの現代アートについてタイムリーに紹介しています。

初期のポスターから今日のアバンギャルドの作品まで幅広く揃えており、また東京の**「原美術館」**などでは、同時代の中国アートを取り上げた個性ある展示を企画しています。芸術空間に身を置き、アーティストたちの情熱に触れ、個々の作品の社会的背景に思いを馳せれば、より深い感慨が湧いてくるでしょう。

読んでみよう・調べてみよう！

1. 日本と中国の近現代アートのそれぞれの時代・社会背景を調べ、特色をまとめ、比較してみよう

2. 絵画、ポスターに描かれた女性像（ポーズ、服飾、髪型、化粧など）の変化を調べ、「美」的イメージの変遷をたどってみよう

3. 美術館に足を運び、中国美術のコレクションの特色（時代、作風、画家など）と蒐集方針を調べてみよう

第10章
台湾

国か、地域か／中国か、台湾か

　みなさんは〈台湾〉と聞いて何を思い浮かべるでしょうか。今、台湾には数多くのIT企業がひしめき、iPhoneをはじめ世界中の多くのIT機器製造を担っています。そして、ショッピングやグルメを安価に楽しめる観光地としても人気があります。また、東アジアのなかでも特に〈親日的〉であるということでも知られています。

　しかし、日本と「台湾」は現在正式な国交がありません。「台湾」を正式な国名としている国家も地球上に存在していません。台湾にある政府は、自らを〈中華民国〉と名乗っているからです。そしてこの中華民国を国家として承認しているのは、現在200弱あるといわれる国家のうち、20カ国ほどしかありません。

図10-1　青天白日満地紅旗

　「国」なのか、「地域」なのか。そして「中国」なのか、「台湾」なのか。「台湾」とは、一体どんなところなのでしょうか。

台湾史の始まり

　台湾に最初に住み始めたのは、マレー・ポリネシア系の人々だと言われています。赤道付近の島々から小舟を使って台湾へ渡ってきたこの人々は、現在台湾の〈原住民〉と称されています。[1]しかし、フィリピンなどの島嶼部の少数民族と文化や言語的に多くの共通点を持つと言われ

ている台湾の原住民は、歴史や伝承をまとめる文字を持っていなかったため、その歴史は具体的には伝わっていません。

　台湾が世界史のなかに登場するのは、16世紀半ば頃と言われています。当時、大航海時代を迎えていたポルトガルの船が台湾を「発見」し、その島を「Ilha Formosa！」と叫んだという話が伝わっています。これはポルトガル語で「美しい島」という意味で、このために台湾は時に「美麗島」「華麗島」と表記されることもありました。[2]

　その頃の台湾にはすでに中国大陸からの〈漢族〉移民が住んでいましたが、台湾を最初に統治したのはオランダです。1624年、東アジア貿易の拠点を求めていたオランダの東インド会社が台湾の南部を占領します。

　オランダが台湾南部を占領した頃、中国大陸では〈明朝〉が倒れ、新たに清朝が成立します。この清朝に反抗していた鄭成功（1624-1662）が、根拠地を求めて台湾のオランダ勢力を攻撃、1661年に台湾から追放します。[3] この鄭成功の活躍をモデルにしたのが、近松門左衛門が描いた人形浄瑠璃の「国性爺合戦」です。鄭成功は中国人武将・鄭芝竜と平戸出身の日本人女性・田川マツのあいだに生まれました。日本人の血も引いていることが、日本で注目される一因となったのです。鄭成功が樹立した鄭氏政権は内紛によってわずか二十年で清朝に降伏しますが、ここから台湾は中国の一部として統治されることになります。

日本統治時代

　19世紀になると、欧米各国が東アジア侵略の拠点として台湾に注目

---

[1] 台湾の「原住民」は、かつて「蕃人」「高砂族」「高山族」などと呼ばれてきましたが、台湾が1990年代に民主化すると、彼らの存在を尊重し「原住民」という呼称が公に認められました。

[2] 台湾の歴史は、伊藤潔『台湾』（中公新書、1993）や若林正丈『台湾』（ちくま新書、2001）などがわかりやすくまとめてくれています。

[3] 安彦良和「麗島夢譚」（リュウコミックス、2009）は、オランダ時代末期の台湾に渦巻く周辺国家の陰謀をさまざまな歴史を踏まえ面白く描いています。

第10章　台湾　国か、地域か／中国か、台湾か

し始めます。そんな中、1894年に〈日清戦争〉が始まります。日本は欧米のような帝国主義国家を目指して清朝と戦ったのです。この戦争に勝利した日本は1895年に〈下関条約〉によって清朝から台湾を奪い、〈台湾総督府〉を設置します。こうして、1945年に日本がアジア太平洋戦争に敗れるまでの51年間、台湾は日本の植民地として統治されたのです。

図10-2　台湾総督府

　この日本統治期に、台湾では鉄道、道路、学校などが建設され、都市計画が進み、農業や工業の近代化が進められました。**又吉盛清『台湾近い昔の旅　台北編』**（凱風社、1996）や**片倉佳史『台湾に生きている「日本」』**（祥伝社新書、2009）などを読んで台湾の街を歩くと、日本統治期に改造された台湾が、現在さらにどのような変化を遂げているかを感じることができるでしょう。

　また、この時代は台湾人に〈日本語教育〉が強制されました。台湾人にとって日本語教育は、近代化を伝える手段であると同時に、民族の誇りや文化を奪いとるものでもありました。この実態は、**陳培豊『同化の同床異夢』**（三元社、2001）に克明に描き出されています。[4] そして台湾に導入された学校と「学歴主義」が与えた影響は、**王育徳『「昭和」を生きた台湾青年』**（草思社、2011）から強烈に伝わってきます。また、戦後日本で「金儲けの神様」と呼ばれた小説家・実業家の**邱永漢**（1924-2012）の直木賞受賞作である**「香港」**や**「濁水渓」**といった小説には、日本統治期を過ごした台湾人青年が日本と台湾とのあいだで翻弄される様子がまざまざと描かれています。さらに、1937年に〈日中戦争〉が始まると、

4　安田敏朗『かれらの日本語』（人文書院、2011）は、台湾で行われた日本語教育の実態、そして日本敗戦後に残った影響について、わかりやすく解説しています。

台湾総督府は台湾人に対し、精神面での日本化を強制する〈**皇民化運動**〉を推し進めます。これは、台湾人を戦争に動員することが目的でした。

このように日本統治期台湾では、日本語や日本文化などが強制され、自由も制限されましたが、一方で近代化も進められました。そのため、苛酷な経験をしたはずの台湾人が日本統治を「よかった」と述べることもあります。たとえば蔡焜燦『**台湾人と日本精神**』(小学館文庫、2001)では、日本統治が好意的に評価されています。しかし、日本による台湾の近代化は台湾人の犠牲のもとに行われ、しかも台湾人のために行われたのではないことを忘れてはなりません。それは、**若林正丈『台湾抗日運動史研究』**(研文出版、2001)や**岡本真希子『植民地官僚の政治史』**(三元社、2008)といった研究書ではっきりと示されています。日本統治が「よかった」ということは決してないのです。

「中国」復帰から国民党独裁政権時代へ

1945年、アジア太平洋戦争の終結によって、台湾の統治は日本から中華民国の〈**国民党**〉政権に変わります。当初、台湾の人々はこの中国の統治を歓迎しました。しかし、国民党政権の統治は不正が多く、また以前から台湾に住んでいた人々を〈**本省人**〉、新たに大陸から渡ってきた人々を〈**外省人**〉と呼んで、台湾人を差別しました。それが台湾人を失望させ、やがてその不満が爆発します。

それが1947年2月28日に起きた〈**二・二八事件**〉です。台湾人の闇タバコ売りの老女が外省人警官によって暴力をふるわれたことをきっかけに、台湾人が警察や台湾省長官公邸を襲ったのです。この反抗は台湾全土に広がりました。しかし、大陸から国民党軍がやってくると大規模な弾圧が行われ、多くの台湾人が虐殺されます。この時亡くなった台湾人は1万8千人から2万8千人であったとされています。この「二・二八事件」によって、台湾社会には外省人と台湾人とのあいだに深刻な断絶が生まれてしまいました。台湾人は弾圧を恐れ、政治的な活動を封印し、「二・二八事件」に触れることはタブーとされました。

第 10 章　台湾　国か、地域か／中国か、台湾か

　二・二八事件が台湾社会で公に語られるようになったのには、1989 年、外省人の映画監督・**侯孝賢**（ホウ・シヤオシェン）（1947-）がこの事件を描いた映画『**悲情城市**（ひじょうじょうし）』でヴェネツィア国際映画祭の金獅子賞を受賞したことが大きく影響しています。この映画が国際的な評価を受けたことによって、タブーだった台湾史への注目が高まっていったのです。

　『悲情城市』にも描かれていますが、この時期の国民党による不正と弾圧の経験から、台湾人は日本統治期の方がまだましだったという感情を持つようになります。台湾で「親日」感情が強いのは、台湾人がこのような苛酷な経験をしているからだということを忘れてはなりません。

図 10-3　『悲情城市』DVD、紀伊國屋書店、2003

　1949 年、中国共産党との〈国共内戦〉に敗北した中国国民党は台湾に逃れてきます。そして、台湾全土に〈戒厳令〉を敷きました。このとき、中国大陸から台湾へ逃れてきたのは 200 万人と言われています。当時の台湾の人口は 600 万人。社会構造が激変する規模の人口流入でした。そして社会の中枢は「外省人」に支配されることになったのです。ただ、200 万人の「外省人」のなかには、貧しく教育もほとんど受けていない人々も大勢いました。そのような「外省人」は、家族も親戚も知り合いもいない異郷で台湾人たちに嫌われながら孤独に生きていくことになります。そのような人々の焦点を当てたノンフィクション作品が龍應台（りゅうおうたい）『**台湾海峡一九四九**』（白水社、2012）です。国民党の台湾敗走は、台湾人・外省人双方にとって混乱と苦闘を強いることになったのです。

　そしてこれより、世界には中国大陸の中華人民共和国と台湾の中華民国の〈二つの中国〉が存在することになりました。

　当初、中華人民共和国は世界の国々から承認されておらず、アメリカの支援を受けていた台湾の中華民国政府が国際連合に「中国」として加

入していました。しかし、次第に各国は中華人民共和国の方を「中国」として承認するようになり、台湾とは国交が途絶えていきます。そして最大の支援国であるアメリカが中華人民共和国の承認に向かうと、1971年、国際連合における「中国」としての地位も失います。台湾との国交を維持していた日本も、1972年に中華人民共和国を承認し、台湾の「中華民国」と断交することになります。その際の外交交渉や日本国内の政治的駆け引きは、**服部龍二『日中国交正常化』**（中公新書、2010）で詳細に分析されています。現在の日本と台湾、中国の関係の原点を知る上でも、必読書です。

こうして、日本にとって中華人民共和国が「中国」となり、中華民国は「台湾」となったのです。

このような外交上の孤立化が進んだ台湾ですが、一方で1960年代以降、急速に経済が発展していきました。そして、世界各国と正式な国交が失われたことを経済交流・貿易による実質的な関係で補うようになります。しかし、経済発展で台湾が豊かになると、抑圧されていた台湾人が経済力を背景に国民党政権に対して政治的要求を強めていきます。1975年に**蔣介石**が死去し、息子の**蔣経国**（1910-1988）が総統〔大統領〕になると、徐々に民主化が進んでいき、1987年には38年も続いていた戒厳令が解除されました。蔣経国は民主化を進めることで台湾人の支持を集めていましたが、1989年、病死してしまいます。その後を継いだのが、当時の副総統、李登輝でした。[5]

李登輝の時代

李登輝（1923-）は台湾生まれの本省人でした。蔣経国は、本省人の支持を維持するために、本省人政治エリートである李登輝を副総統に抜擢

---

[5] 1994年、司馬遼太郎が台湾を訪れ、李登輝と対談をしています。その内容は『街道をゆく』シリーズの第40巻に「台湾紀行」（朝日文庫、1997）として収められています。この本は当時の台湾と政治状況、そして李登輝を日本へ紹介する好著ですが、あまりに有名になった故に、政治的に様々に利用される本にもなってしまいました。

第10章　台湾　国か、地域か／中国か、台湾か

していたのです。この初の台湾生まれの総統によって、台湾の民主化がさらに推し進められていきました。当初は国民党内部の外省人政治家とのあいだで激しい権力争いが行われましたが、それを乗り切った李登輝は、国民党内での勢力を拡大し、総統としての基盤を固めていきます。そして1996年には直接投票による台湾総統選挙を実現させ、自ら最初の〈民選総統〉となったのです。**本田善彦『台湾総統列伝』**（中公新書ラクレ、2004）を読むと、蒋介石から李登輝に到るまでの中華民国と国民党内部の暗闘や駆け引きが非常によく理解できます。

　台湾における李登輝の支持は高まりましたが、一方で、中華人民共和国側は、李登輝の存在に神経を尖らせていました。台湾の民主化が進み、政治的自由が拡大すると〈台湾意識〉が高まってきたためです。それまで、台湾では自らを「中国人」または「中国人であり台湾人」と考える人々が多数派であったのに対し、自分たちは「台湾人」であると考える人々が増加してきたのです。中華人民共和国は、台湾は中国の一部である、という「一つの中国」原則を主張し続けています。中華人民共和国と中華民国の「二つの中国」も、中国と台湾は別の国という「**一つの中国、一つの台湾**」も認めない、という立場です。しかし、李登輝は「一つの中国」原則から徐々に離れていきました。このことが、中国の懸念を呼んだのです。

　また、李登輝政権期は、台湾が文化的にも発展を遂げた時期でした。アメリカや日本からの輸入文化に偏っていたポップカルチャーも、90年代以降、音楽・映画・ドラマの分野で成長を見せます。経済力がそういった文化を維持できるまでに強くなったのです。

　映画でいえば、「悲情城市」の侯孝賢を代表として、〈台湾ニューシネマ〉が勃興します。**アン・リー**（李安）（「ウェディング・バンケット」「恋人達の食卓」など）、**エドワード・ヤン**（「牯嶺街少年殺人事件」「カップルズ」など）らは、日本でも熱心なファンを生み出しました。

　音楽では、何といっても**張恵妹**（アーメイ）の存在が光ります。原住民出身の張恵妹は1996年にデビューすると、その歌唱力で瞬く間に台

湾のみならず中華世界を代表するシンガーとなりました。また、1999年にデビューしたロックバンドの**五月天**（メイデイ）や2000年にデビューした**周杰倫**（ジェイ・チョウ）も、現在では東アジア規模で活躍しています。

また、日本統治期から台湾では野球も盛んでした。1960～70年代には、台湾チームが何度もリトルリーグ世界一となり、台湾人はその活躍に熱狂しました。日本のプロ野球でも、**大豊泰昭**（たいほうやすあき）や**郭源治**（かくげんじ）といった台湾人選手が80-90年代に活躍し、今でも多数の台湾人選手が日本やメジャーリーグにも在籍しています。中でも、2013年のWBCアジアラウンドで活躍した**王建民**（おうけんみん）はメジャーリーグでも屈指の投手であり、台湾では英雄視されています。

台湾にも1989年にプロ野球が発足しています。これもまた、台湾の経済成長を示す一例と言えます。しかし、台湾のプロ野球は、常に**八百長**（やおちょう）や**闇賭博**（やみとばく）といった不祥事がつきまとい、現在まで低迷しています。台湾プロ野球の八百長に加担した日本人選手と台湾マフィアとの関係を描いた犯罪小説として、**馳星周**（はせせいしゅう）『**夜光虫**』〈角川文庫、2001〉があります。あくまでフィクションですが、1990年代の台湾社会をリアリティ溢れる筆致で描いており、ぞくぞくしながら読める小説です。

民進党政権の登場と挫折

2000年、二回目の総統直接選挙によって、台湾現代史上最大の転換点が訪れました。長年にわたって台湾の政権を握ってきた国民党の候補・**連戦**（れんせん）（1936-）が敗北し、野党であった〈**民主進歩党（民進党）**〉候補・**陳水扁**（ちんすいへん）（1950-）が当選したのです。中華世界において、初めて民主的な政権交代が行われた瞬間でした。

民進党は1986年、蒋経国の民主化政策の一環として台湾で初めて政党結成が認められた際に結党され、目標は〈**台湾独立**〉でした。そのため、陳水扁による民進党政権の成立は中国とのさらなる対立を呼ぶことになりました。発足当初は台湾意識の高まりと民主化達成の高揚から高い支持がありましたが、中国が急速な経済発展を続けた2000年代、台湾の

経済的な立場が陰り不況が訪れると、次第に支持を失っていきました。「台湾独立」も中国を刺激しないために封印せざるを得なくなり、民進党はその党是と現状とのずれに悩まされるようになります。

　2004年の第3回総統直接選挙では、陳水扁は僅かの差で国民党の連戦候補に競り勝ちましたが、第2期の政権は〈立法院〉〔日本の国会に当たります〕で民進党が安定議席をとれず、さらに不況の閉塞感から民進党への失望が深まりました。そして、2008年、第4回の総統直接選挙で新たな民進党候補・謝長廷（しゃちょうてい）（1946-）は国民党候補・馬英九（ばえいきゅう）（1950-）に大差で敗れます。八年ぶりに国民党が政権を取り返したのでした。

　しかし、この民進党政権時代に、台湾の〈台湾化〉は急速に進みました。かつては中国文学、中国史しか教えなかった大学でも、台湾文学、台湾史が正式に扱われるようになり、義務教育で台湾史や台湾語教育が取り入れられていったのです。この流れは、国民党政権に戻っても止まりませんでした。それは、2008年8月、馬英九総統就任直後の台湾で、魏徳聖（ウェイ・ダーション）の映画「海角七号　君想う、国境の南」が台湾映画史上最大のヒットとなったことにも現れています。歌手の夢を諦めた台湾人青年と、モデルを夢見て台湾まで流れてきた日本人女性との恋愛を、1945年の日本敗戦によって日本へ帰ることになった日本人男性教師と台湾人女子生徒の別れと重ねながら描いたこの映画が台湾人に受け入れられたのは、台湾史を固有の歴史と考える台湾意識がすでに根をはっていたからです。

　そして、台湾の親日が高まっていったのもこの時期です。中国に対して台湾の独自性を確立するうちに、台湾独自の経験である日本統治期を好意的に評価する傾向が強まったのです。2000年前後には、日本マニアを意味する〈哈日族〉（ハーリーズー）が登場し、日本のポップカルチャーを礼賛するようになりました。その代表的存在として、台湾の漫画家哈日杏子（はにちきょうこ）がいます。哈日杏子の漫画は日本語にも翻訳され、『哈日杏子（ハーリー）のニッポン中毒』（小学館、2001）を始め、多数出版されています。[6] また日本で活動する台湾人もいます。最も有名なのは、90年代後半に人気のあった

ビビアン・スーです。そして父親が台湾人であるシンガー・**一青窈**も2002年にデビューしています。一青窈の姉で舞台俳優の**一青妙**は、台湾人の父をはじめとする家族の歴史を『**私の箱子**』（講談社、2012）にまとめています。また、**温又柔**『**来福の家**』（集英社、2011）は、〈**在日台湾人**〉女性の視点からの現代日本社会が描かれており、日本のなかにおけるマイノリティとしての「台湾人」を考える上でも貴重な作品です。

図10-4 『来福の家』

一方で、文学研究の対象としても、台湾への注目は高まっています。1990年代後半に、日本でも旧植民地についての研究（ポスト・コロニアル研究）が盛んになると、台湾文学の日本語訳が進みはじめたのです。

まず1999年から『**新しい台湾の文学**』シリーズ（国書刊行会）の刊行が始まり、**李昂**『**迷いの園**』、**朱天心**『**古都**』、**白先勇**『**台北人**』など台湾の著名な現代作家の作品が日本に紹介されました。さらに、2000年代には、台湾原住民出身作家たちによる文学作品集『**台湾原住民文学選**』（下村作次郎他編集　草風館、2003-）、台湾の詩人の作品をまとめている『**シリーズ台湾現代詩**』（国書刊行会、2003-）台湾における性的少数者をテーマとして描かれた文学作品・評論を集めた『**台湾セクシュアル・マイノリティ文学**』（黄英哲・白水紀子・垂水千恵編集　作品社　2008-）、台湾及び東南アジアの関わりを背景にした作品集である『**台湾熱帯文学**』シリーズ（人文書院　2010-）など、次々に翻訳作品集が出版されています。

現代

馬英九総統は、民進党政権時代に冷え込んだ中国との関係を改善する

6　もっとも、この哈日族は、2000年代半ばには台湾の韓流ブームに押し負けてしまいます。東アジアでは、日本よりも台湾の方が先に韓流ブームに覆われたのでした。

第 10 章　台湾　国か、地域か／中国か、台湾か

ことで経済発展を目指しました。しかし、馬英九の中国との関係改善方針は、中国との〈統一〉につながるのではないか、という不安を常に感じさせるものになってしまいました。民主化や政治的自由が進まない中国に対する台湾人の不安は大きく、統一を望む人々は非常に少数派です。台湾で中国との関係を尋ねられる時、最も多い解答は〈**現状維持**〉。つまり独立も統一もしない、を支持する人々が最大多数なのです。

図10-5　『台北人』

　馬英九は、2012年の第5回総統直接選挙でも民進党の候補・蔡英文に勝利し、第二期目に入っています。しかし、第4回に比べ民進党とは接戦となり、立法院での議席の差も縮まりました。中国関係改善政策は、当初の目論見ほど台湾の景気回復にはつながらず、逆に行き過ぎと見られはじめました。2014年3月、中国との自由貿易を拡大させる〈**服務貿易協定**〉の法案審議を、国民党が強引に打ち切ると、抗議集会をしていた学生たちは立法院〔国会議事堂〕に突入、三週間以上も占拠するという異常事態となりました。〈**太陽花学運**〉〔ひまわり学生運動〕と呼ばれるこの行動は台湾世論を二分させましたが、最終的に馬政権は学生との妥協を余儀なくされ、権威を大きくそこないました。それでも台湾は今後も中国との関係を維持せざるを得ません。これからの台湾と中国の関わりは、より困難なものになっていくかもしれません。

133

読んでみよう・調べてみよう！

1 台湾の統治者がいつ、だれに、どのように変わっていったかを調べ、まとめよう

2 台湾ではどんな言語が使われているか、どのように言語が使い分けられているのか、いろいろな分野ごとに調べてみよう

3 香港と台湾の共通点・相違点を考えてみよう

第11章
香港

「買い物天国」のこれまでとこれから

　けばけばしい原色のネオンに〈ヴィクトリア・ピーク〉からの夜景。広東語の喧噪のなかをさっそうと歩く西洋人ビジネスマン。〈買い物天国〉として知られる〈香港〉は、「東と西」がブレンドされた、独特のイメージに彩られた都市です。香港は、どのようにして生まれ、成長し、そして今後、いかなる発展を遂げていくのでしょうか。

香港の歴史——第二次大戦まで
　大きく分けて〈香港島〉などの島嶼部と〈九龍半島〉（新界）からなる香港の都市としての歴史は、まだ170年ほどに過ぎません。イギリス支配以前、香港島は人口1万人ほどの、小さな農村・漁村でした。しかし、1840年にイギリスとのあいだで〈アヘン戦争〉が勃発し、翌41年にイギリスが香港島の領有を宣言、42年〈清朝〉が降伏して〈南京条約〉が結ばれた時から、香港のイギリス植民地としての歴史が始まります。1898年、イギリスは九龍半島の99年間の〈租借条約〉を清朝と結びます。現在の香港の領域は、この時に定まったものです。
　やがて香港は、イギリスの商社や船舶会社が立ち並ぶ、経済都市へと発展します。1930年代になると、日本の侵攻により混乱の度を増していた中国本土から、安全を求めて、知識人たちが続々と香港にやってきて、抗日言論活動を繰り広げました。香港は、国内外に〈抗日〉を宣伝する基地でもあったのです。[1]

---

[1] 鈴木将久『上海モダニズム』（中国文庫、2012）は、戴望舒や穆時英といった文学者たちが香港で繰り広げた抗日言論について扱っており、新たな視座を与えてくれます。

しかし1941年12月8日、日本軍が香港に侵攻、イギリスが降伏し、日本占領時代が始まります。日本軍は英語に変えて日本語での授業を強制し、〈軍票〉を乱発して経済も混乱します。香港を脱出する住民が多数に上り、占領前に160万人だった人口が終戦時には60万人にまで減少しました。

香港の歴史——第二次大戦終戦以後

　日本の敗戦により、香港は再びイギリスの支配下におかれます。〈中国共産党〉によって1949年に〈中華人民共和国〉が建国されると、共産党政権を嫌う人々、そして仕事を求める人々が、再び香港に流入してくるようになります。イギリスを中心とした外資系企業、あるいは勢力を拡大しつつあった香港系企業が軒を連ね、香港は世界的なビジネスの街になります。経済的にも繁栄し、一時は人口一人あたりGDPで宗主国であるイギリスを抜くまでになったのです。とはいえ、強大な権限が〈イギリス人総督〉に集められていたいっぽう、香港市民に政治参加の手段はほとんどなかった、という点でも、香港が植民地であることは厳然たる事実でした。「香港人は金儲けばかり考え、政治にはまったく関心がない」という、香港人に対してよくなされた陰口も、香港人からすると仕方のないことだったのです。

図11-1　香港の町並み
（撮影：中村みどり）

　いっぽうで、中国において共産党による「鎖国」政策が行われていた時代、香港は「中国と世界とを結ぶ窓口」としての役割を果たしていました。当時、西側世界で中国のニュースを知るには、香港メディアの発信を待たなくてはなりませんでした。また中国社会を研究テーマとする

第 11 章　香港　「買い物天国」のこれまでとこれから

文化人類学者・民族学者は、中国国内での調査が制限されていたため、香港においてフィールド調査を行うことが多かったのです。

当初イギリスは、99 年の租借期間が過ぎても香港を手放す気はなかったのですが、中国の強い返還要求により、1984 年に、両国のトップである**サッチャー**（1925-2013）と**鄧小平**（とうしょうへい）（1904-1997）により〈**中英共同声明**〉が出され、返還が決定します。そして長い交渉の末、1997 年 7 月 1 日、香港は 99 年ぶりに中国領土となったのです。

返還前、香港の将来について、欧米や日本では悲観的な論調が多数を占めていました。返還によって香港は自由を失い、経済的にも衰退（すいたい）するだろう、とする意見がほとんどだったのです。1989 年に起きた共産党による市民の弾圧事件、〈**天安門事件**〉の記憶も、当時まだ薄れていませんでした。返還によって香港市民の生活の自由が大幅に制限されるのではないか、という不安から、香港を脱出し、カナダやアメリカ、オーストラリアなどへ移住する人々が増えたのでした。

しかし、返還後の市民生活は、「今のところ、それほど変っていない」という印象が強いのではないでしょうか。もちろん、民主化運動や教育における制限が強まっている、という問題はあるものの、香港が政治や社会統制などの点で完全に中国（本土）と一体化する、という事態にはなっていません。これは、共産党政府が返還後も 50 年は採用するとした〈**一国二制度**〉[2]が作用しているのでしょう。香港は〈**特別行政区**〉として、中国国内でも特別な位置におかれ、報道の自由や人権など多くの点で、中国本土とは一線を画しています。また、中国が目覚ましい経済発展を遂げたことも予想外だったでしょう。中国の経済発展は、香港にも恩恵をもたらし、香港市民の中国共産党政府への不信感を、多少はやわらげたのです。[3]

2　一国二制度は、香港に「高度な自治」を付与し、中華人民共和国の法律も一部を除いては適用されない、とするもの。興梠一郎『「一国二制度」下の香港』（論創社、2000）に詳しくまとめられています。

3　竹内孝之『返還後香港政治の 10 年』（アジア経済研究所、2007）が、返還後の香港を豊富なデータから論じています。

137

しかしいっぽうで、経済都市としての香港の地位が、以前に比べて相対的に低下している、ともいわれています。日本でも、1980-90年代には、香港に関する本が多数出版されてきましたが、今では香港のみを扱う書籍はかなり少なくなっています。
　それでも、中国における西側世界へ開かれた窓として、そして中国社会の未来を占う試金石(しきんせき)として、香港が重要な位置を占めていることに変わりはありません。
　香港の歴史を概観するには、岡田晃(あきら)『香港——過去・現在・将来』(岩波新書、1985)、中嶋嶺雄『香港回帰——アジア新世紀の命運』(中公新書、1997)などが基本文献。『もっと知りたい香港』(可児(かに)弘明編、弘文堂、1984)も必読です。最新の研究には久末亮一(ひさすえりょういち)『香港——「帝国の時代」のゲートウェイ』(名古屋大学出版会、2012)があります。香港におけるフィールド調査については『香港社会の人類学——総括と展望』(瀬川昌久編、風響社、1997)に詳しく述べられています。またワトソン『移民と宗族——香港とロンドンの文氏一族』(瀬川昌久訳、阿吽社、1995)はフィールド調査の代表的な成果です。
　日本占領期については『日本占領期香港の子どもたち——学びと暮らしのオーラルヒストリー』(張慧真他著、日野みどり訳、凱風社、2008)、和久田幸助『日本占領下　香港で何をしたか』(岩波ブックレット、1991)などが基本文献。返還交渉の内幕は、当時の香港総督パッテンの『東と西』(塚越他訳、共同通信社、1998)が、イギリスからの視点で、なまなましいやり取りを伝えています。
　また、返還前の香港居住民へのインタビューであるバルケ『香港の声』(片岡みい子訳、晶文社、1992)は貴重な記録。今ではほとんど見られなくなった水上生活者の風俗を描いた可児弘明『香港の水上居民——中国社会史の断面』(岩波書店、1970)も、「もう一つの香港」を伝える好著です。返還後、そしてこれからの香港の展望については、倉田徹『中国返還後の香港——「小さな冷戦」と一国二制度の展開』(名古屋大学出版会、2009)が現時点での決定版といえます。

第 11 章　香港　「買い物天国」のこれまでとこれから

ビジネス・経済から見る香港

　前述のように、中国本土の発展に押されて、相対的な重要度が低下してきていることは否めませんが、今でも、国際商業都市としての香港の地位は、まだまだ揺るぎないものがあります。中国における直接的な投資やビジネスが難しかった時代には、香港は中国の、外国に開かれた窓だったのです。80 年代から 90 年代前半には〈四小龍〉と呼ばれて、その経済発展ぶりをうたわれていました。[4]

　戦後の香港の工業は、上海から逃れてきた繊維業から出発しました。そしてイギリス政府による〈**レッセ・フェール（自由放任主義）**〉で、関税もほとんどかからず、また中国からの避難民が安い労働力として絶えず供給されたため、多くの従業員を使う労働集約型の製造業が発展します。70 年代になると、アジアにおける〈**国際金融センター**〉としての役割が強くなり、現在にいたるまでその地位を維持しています。

　香港ビジネスの特徴は、スピードの速さです。日本企業だと何カ月もかかる意思決定が、香港ではトップダウンであっという間になされます。起業精神が旺盛なのも香港人の特徴。技術やノウハウを身につけるとすぐに独立・起業するのは、大企業が育たず技術の蓄積もしにくいという欠点はあるものの、柔軟さや機敏さという点では大きな武器になります。

　香港ゆかりの実業家として、**邱永漢**（1924-2012）を挙げておきましょう。彼は台湾に生まれますが、戦後に台湾独立運動に連座して国民党から逮捕状が出たため香港に逃亡、その地で実業家として成功します。その後、かつての留学先だった日本へ渡り、投資に関する一般向けの本を多数出版、「金儲けの神様」と呼ばれるほどになります。[5]

　李嘉誠（1928-）も香港ビジネスを語る上では欠かせない人物です。幼

---

[4]　香港の他に台湾・韓国・シンガポールを称してこう呼んでいました。ヴォーゲル『アジア四小龍』（中公新書、1993）は、「四小龍」全盛期にこの四つの地域を比較分析した著作です。

[5]　日本文壇デビュー作の『密入国者の手記』（現代社、1956）や直木賞受賞作『香港』（中公文庫、1980）は、ほとんど無一文で香港に逃亡してきた自分や友人たちの姿をモデルとしています。

いころ家族とともに大陸から香港へやってきて、プラスチックの造花から事業を始め、不動産業によって財をなします。その後二人の息子とともに事業を発展させ、現在、華人最大の資産家といわれています。

この二人のように、裸一貫で香港にやってきて、商売で成功して一旗揚げる、というサクセスストーリーは、「香港ドリーム」と呼べるでしょう。今も香港には、香港ドリームを夢見て、奮闘する人々の姿があるのです。

香港ビジネス本の白眉は『同じ釜の飯——ナショナル炊飯器は人口680万の香港でなぜ800万台売れたか』（中野嘉子他、平凡社、2005）。スピード感溢れる香港ビジネスの舞台裏が生き生きと描かれています。**浜下武志『香港——アジアのネットワーク都市』**（ちくま新書、1996）は商業ネットワーク都市としての香港を論じたわかりやすい入門書。李嘉誠の「香港ドリーム」については、**西原哲也『秘録華人財閥——日本を踏み台にした巨龍たち』**（NNA、2008）が、日本語で読める数少ない伝記です。

香港映画・香港文学

香港といえばまず映画を連想する人も多いのではないでしょうか。**ブルース・リー（李小龍、1940-1973）**や**ジャッキー・チェン（成龍、1954-）**に代表される多くのスターを生んできた〈香港映画〉は、世界の映画文化のなかでも独特の輝きを放っています。

香港映画といえばカンフーといってもいいほど、香港カンフー映画は我々にとってなじみ深いものです。ワイヤーアクションを駆使するタイプもあれば、生身の体で勝負するタイプもあります。近年では、『**少林サッカー**』（2001）のようにコメディの要素を取り入れたものが主流でしょうか。い

図11-2　『ドラゴン危機一発』VHS、ポニーキャニオン

第 11 章　香港　「買い物天国」のこれまでとこれから

ずれも、宙を自在に舞うスピード感で、ハリウッド映画にも大きな影響を与えてきました。

　恋愛の要素も香港映画には欠かせません。笑いと涙がほどよくブレンドされた独特の味わいは、ハリウッド映画とはまた違った魅力を漂わせています。その他にも、**チョウ・ユンファ『男たちの挽歌』**(1986) に代表される〈**香港ノワール**〉、あるいはキョンシーシリーズなど、多彩なジャンルが我々を魅了します。

　数々の輝かしいスターに彩られる香港映画に比べると、香港文学の知名度はさほど高くないかもしれません。しかし香港は、〈**中国語圏文学**〉[6]における最大のスターといえる作家を生み出したのです。

　その名は**金庸**(1924-)。彼は中国浙江省生まれですが、1948年に香港へ移住後、その地で膨大な量の〈**武俠小説**〉〔チャンバラ小説〕を執筆し続けてきた巨人であり、中華圏でその名を知らぬ者はいない、と断言してもいい大作家です。[7]

　近年では「中国語圏」という言葉に表れているように、「香港映画」「香港文学」といった地域で区切ったジャンルを相対化する動きも出てきています。たとえば金庸は「中国で生まれ」「香港において」「中国語で」「中国を舞台にした作品」を書き続けた作家ですが、彼の文学ははたして「香港文学」なのでしょうか。「香港映画」「香港文学」というジャンルの有効性についても、考えていく必要があるでしょう。

　香港映画については、**野崎歓『香港映画**

図 11-3　金庸『書剣恩仇録』徳間文庫、2001

　6　中国大陸に香港や台湾などを含めた中国語圏文学の概念については、藤井省三『中国語圏文学史』(東京大学出版会、2011) をご覧下さい。
　7　『射雕英雄伝』などの代表作は岡崎由美訳で徳間文庫から出版されています。また岡崎由美監修『武俠小説の巨人――金庸の世界』(徳間書店、1996) は武俠小説のわかりやすいガイドブック。

の街角』（青土社、2005）がわかりやすい入門書。邱淑婷『香港・日本映画交流史——アジア映画ネットワークのツールを知る』（東京大学出版会、2007）は、日本と香港の映画人のネットワークを論じています。香港恋愛映画シーンを彩る**レスリー・チャン**を扱った**松岡環**『レスリー・チャンの香港』（平凡社、2008）は、彼の生涯を香港が戦後たどった道筋と重ね合わせた好著。知野二郎『**香港功夫映画激闘史**』（洋泉社、1999）はカンフー映画案内の決定版です。

香港人は「なに人」か？

香港に住む人々はいったい「なに人」なのか——香港について論じられる際、必ずといっていいほど話題に出されるテーマです。たとえばブルース・リーの場合。父親は広東省生まれの俳優、母親はドイツ人の血を引く〈華人〉です。そして二人が公演のため渡米中、サンフランシスコの病院で生まれ（ゆえに米国籍を取得）、その後帰国して香港で育ちます。彼は、はたして香港人なのでしょうか？ それともイギリス人？ 中国人？ アメリカ人？ それとも華人？[8]

ブルース・リーに限らず、香港の人々については、そのアイデンティティの複合性や揺らぎについて問題にされ、語られることが少なくありません。[9]ただし、「自分が「なに人」なのかがはっきりしない」という状況は、一見たいへん心細く思えるのですが、彼ら／彼女ら自身はとくに意識せず、むしろ「なぜそれにこだわるのかがわからない」という反応をする人も多いようです。

中国返還後は、このアイデンティティの「揺らぎ」が徐々に解消され、「中国人」に収斂されていくのでは、と予想されていました。しかし返還から10年以上たった今、香港居住者のうち、自分を「中国人」であ

---

8 四方田犬彦『ブルース・リー——李小龍の栄光と孤独』（晶文社、2005）がわかりやすく、まとまったブルース・リー論です。

9 香港におけるアイデンティティについては、林泉忠『「辺境東アジア」のアイデンティティ・ポリティクス——沖縄・台湾・香港』（明石書店、2005）をご覧ください。

第 11 章　香港　「買い物天国」のこれまでとこれから

ると認識する者は２割程度。むしろ、自分を「香港人」であるとする者の割合は年々高くなっています。2012 年には、小中学校で中国国民としての〈愛国教育〉が実施されることに反発する、大規模な抗議活動が行われ、実施は先送りされました。激動期・再編期にあるにある東アジアにあって、そのアイデンティティの行方が注目されるところです。

旅する香港

香港は、昔から多くの若者を惹きつけてきました。〈重慶マンション〉や（今は無き）〈九龍城〉に代表される無秩序で猥雑なイメージは、冒険好きの若者にはたまらない魅力を放ってきました。

香港旅行記といえば**沢木耕太郎『深夜特急１香港・マカオ』**（新潮文庫、1994）を外すことはできません。「インドのデリーからロンドンまでバスで旅をしよう」と決心した主人公が、飛行機で日本を発って最初に降り立ったのは香港でした。異国に降り立った若者の期待と不安を生き生きと描いたこの小説は、長らくバック・パッカーのバイブルでした。

星野博美『転がる香港に苔は生えない』（文春文庫、2006）は、著者が２年間、香港人と同じ暮らしを体験した貴重な記録です。返還前後の香港

図 11-4　今はなき九龍城

(出典) グレッグ・ジラード／イアン・ランボット写真、吉田一郎監修、尾原美保訳『九龍城探訪——魔窟で暮らす人々 City of Darkness』イースト・プレス、2004

の表情を伝えるとともに、香港社会のメカニズムを探る上でも格好の教材といえるでしょう。

一般のガイドブックのなかにも、優れた教材があります。**小柳淳『香港ストリート物語』**（TOKIMEKIパブリッシング、2012）は、通りの名前、そして道端にあるさまざまなモノから歴史を読み解くもの。**内藤陽介『香港歴史漫郵記』**（大修館書店、2007）は切手から読み解く香港。

香港の旅に欠かせないのが香港料理。**平野久美子『食べ物が語る香港史』**（新潮社、1998）や**日野みどり『香港・広州菜遊記——粤のくにの胃袋気質』**（凱風社、2003）は、〈飲茶〉などの「食」から香港社会の特質を浮かび上がらせます。

山口文憲『香港　旅の雑学ノート』（新潮文庫、1985）や**島尾伸三『香港市民生活見聞』**（新潮文庫、1984）は香港にまつわる小ネタ集。ともにやや古くなっていますが、一昔前の香港庶民の生活が垣間見えて、資料的価値が高いといえます。

みなさんもぜひ、ガイドブック片手に、香港の街を歩いてみてください。

マカオ（澳門）

最後に、〈マカオ〉。ガイドブックでは「香港・マカオ」と一括りにされることが多い上に、香港に比べるとやや注目度が落ちるマカオですが、植民地としての歴史は香港よりずっと古いのです。ポルトガル人がマカオにやってきたのは16世紀の初めごろ。1555年ごろから定住が始まったといわれています。15世紀にアフリカ周りで海洋進出を始めたポルトガルは、1513年に初めて中国〔現在の広州付近〕に到着します。当時の明朝は海禁政策をとっていたため、ポルトガルは密貿易を行うのですが、その際の寄港地の一つがマカオだったのです。

その後のマカオは、ポルトガルの〈**南蛮貿易**〉の拠点であると同時に、キリスト教宣教の拠点にもなりました。日本への宣教でも有名な〈**イエズス会**〉の東アジアの拠点はマカオでした。教会が次々に建てられ、宣

第 11 章　香港　「買い物天国」のこれまでとこれから

教師も増えていきます。[10] 東西文化交流の功労者として知られる**マテオ・リッチ**[11] (1552-1610) もイエズス会の司祭であり、マカオにおいて中国研究を開始しました（彼自身はイタリア人）。当時、東南アジアから東アジアにかけての宣教師による報告書は、すべてマカオに集められていたのです。[12]

図 11-5　マカオの町並み
（撮影：大東和重）

しかし 17 世紀以降、オランダやイギリスがアジアにおける存在感を強めていきます。18 世紀になると、ポルトガルの国力が衰え、イエズス会も本国において解散を命じられ、マカオのイエズス会士も全員本国に囚人(しゅうじん)として移送されます。マカオにおけるイエズス会の象徴だった聖ポール天主堂も 1835 年に火災で焼失し、「落日」という言葉がふさわしくなっていきます。

その後マカオは観光、とくにカジノの街として、現在に至っています。もっとも有名な「**ホテル・リスボア**」をはじめ、多くのカジノが営業し、観光客を集めています。街の至る所に残された教会も、観光地としての価値を高めています。

香港より二年遅れて、1999 年 12 月 20 日にマカオは中国に返還され、〈**特別行政区**〉となりました。今後のマカオはいかなる発展を遂げていくのでしょうか。

　10　当時の宣教師の記録のなかでも、『クルス『中国誌』』（講談社学術文庫、2002）は必読。岡本さえ『イエズス会と中国知識人』（山川出版社、2008）はブックレットで手軽に読めるイエズス会布教史です。
　11　マテオ・リッチについては平川祐弘『マッテオ・リッチ伝』1-3（平凡社東洋文庫、1969-1997）が伝記の決定版です。
　12　矢沢利彦編訳『イエズス会士中国書簡集』（東洋文庫）シリーズは資料的価値の極めて高いものです。

東光博英〔とうこうひろひで〕『マカオの歴史——南蛮の光と影』（大修館書店、1998）はよくまとめられたマカオ史。マカオのガイドブックとしては、**島尾伸三**『マカオで道草』（大修館書店、1999）、**芹澤和美**『マカオノスタルジック紀行』（双葉社、2007）などがあります。

読んでみよう・調べてみよう！

1. 香港という都市がいかにして成立し、どのように変化して、現在に至ったのか、その流れを報告しよう

2. ブルース・リーが、どのようなアイデンティティを有し、それが映画ではどのように表れているのか、報告しよう

3. マカオの成り立ちを香港との比較で報告しよう

第12章
華人世界

龍(ドラゴン)の末裔、そのルーツとアイデンティティ

　〈華人(かじん)〉という言葉を聞いて、だれを連想しますか。たとえば、俳優の金城武(かねしろたけし)(1973-)や、歌手の一青窈(ひととよう)(1976-)が日本と台湾の血をひいていて、広く中華圏で人気があることを知っていますか。[1]

　華人とは、こうした中華系の血統をひく人々の総称として用いられる言葉です。では、「華人」は「中国人」とどうちがうのでしょうか。

図12-1　神戸南京町の"可口可楽(コカコーラ)"パンダ
（撮影：濱田麻矢）

華人とはだれか

　中華人民共和国の辞書『**全球華語詞典**』[2]では、華人を第一に「中国人」、第二に「居住国の国籍を取得した、中国血統を持つ外国公民」と定義しています。「華」とは、中華のこと。すなわち華人とは、広い意味では〈漢族〉を中心とする中華系の人々全体を指します。狭い意味ではそのなかの海外居住者を指し、この場合、中国大陸と香港・マカオ、そして台湾の人々は含みません。中華系の血統をひく人々は、〈シンガポール〉、〈マレーシア〉、〈インドネシア〉、〈タイ〉、また北米や日本など世界各地に

1　一青窈の姉、一青妙『私の箱子』（講談社、2012）には、父の国台湾で生まれ、母の国日本で育った姉妹の記憶が語られています。

2　李宇明主編、商務印書館、2010。世界各地に住む華人の言葉を集め、相互の意思疎通を円滑にはかるための辞書が編まれるほど、華人の世界は多様化しています。

住んでいます。

　中国の法律では、海外に住み、居住国の国籍を持つのが「華人」、中国国籍を持ちながら僑居〔仮住まい〕しているのが〈華僑〉と区別されています。しかし実際には、両者を厳密に区別することは難しく、国籍についての選択もさまざまです。とくに1980年代以降、中国人の海外留学が増加したことや、70年代以前に移住した〈老華僑〉といわれる人々の世代交代が進んでいることにより、海外在住の中華系の人々を血統や文化的ルーツ、または国籍で単純に区分することは難しくなっています。

　現在では、華僑・華人を総称して「華人」という言葉を使うことが一般的です。華人をとりまく複雑な国籍問題については、**陳天璽『無国籍』**（新潮文庫、2011）をぜひ読んでみてください。[3] 本章では、ルーツである「祖国」を離れ、「国籍」や「国民性」といったひとつのものさしではかることのできない、多様なアイデンティティを抱える華人について考えてみましょう。

華人のルーツ

　世界に広がる華人は、居住地における帰化や世代交代を経て、現地化が進んでいます。したがって華人人口を正確に把握することは困難ですが、約3000万人あまりといわれており、その8割は東南アジアに集中しています。華人についての基礎知識を知るには、**『華人社会がわかる本──中国から世界へ広がるネットワークの歴史、社会、文化』**（山下清海編著、明石書店、2005）が格好の入門書です。[4]

　華人の歴史は古く、明代には中国から東南アジアへの移民が増え、華

---

[3] 華人女性の成長小説としても読みごたえがあります。陳天璽編『忘れられた人々　日本の「無国籍」者』（明石書店、2010）も手にとってみてください。

[4] 華人の状況は世代によって変化しているため、本を選ぶ際には出版年に注意が必要です。スタンダードな入門書に、以下のものがあります。『台湾・香港・華僑華人』（若林正丈ほか編、『原典中国現代史』第7巻、岩波書店、1995）、游仲勲『華僑』（講談社現代新書、1990）。また、国境を越えて広がる多民族社会に関心のある人は、『エスニック・ワールド──世界と日本のエスニック社会』（山下清海編著、明石書店、2008）もおすすめです。

第12章　華人世界　龍の末裔、そのルーツとアイデンティティ

人商業地区が形成されました。これには海上貿易が発展し、中国南部の沿海地域（福建省・広東省・海南省）と東南アジアとの交易が盛んになったことが関係しています。

19世紀以降、ヨーロッパの植民地政府統治下にあった東南アジアでは、〈苦力〉とよばれる非熟練労働に従事する華人が大量に出現しました。19世紀後半になると、あいつぐ群衆蜂起による中国国内の混乱も、移民増加の背景となります。

やがてそのなかから、財を蓄え、小売りや貿易、軽工業といったビジネスを始める人々が登場し、華人商人の誕生につながりました。とくに沿海地域に住む人々にとって、海外に新天地を求めることは、よりよい人生を切り拓く重要なルートだったといえるでしょう。かれらの多くは、地縁・血縁を頼って移住し、親類縁者の経済的支援を受けて出国した者が成功すれば、今度は故郷の縁者をよび寄せることで、移民の連鎖が続きました。

清朝のころから、歴代の政府は華人商人の経済力を、近代国家建設の頼みの綱としていました。1911年の〈辛亥革命〉以降も、外国の侵略、内戦、戦争による国内の混乱から避難するため、大規模な移民が続きます。このころ、華人は巨大なネットワークを形成し、国内外の華人社会全体に対して強い影響力を持つようになっていました。〈日中戦争〉期には、かれらは国民政府を経済的に支援しました。のみならず、日本に占領されたマラヤ〔マレー半島南部〕の華人青年など、愛国心から中国に赴き、「祖国」のために戦う華人もあらわれたほどです。

1949年、〈中華人民共和国〉が成立すると、共産主義にくみしない多くの国民党勢力が、国外に流出しました。共産主義政権の誕生にともない、東南アジア諸国は中国との接触に慎重になり、この時期に華人の多くは居住国の国籍を取得し、中国との〈二重国籍〉を選択します。40年代以降、中国から東南アジアへの大量移民の動きは停滞していました。しかし〈プロレタリア文化大革命〉が収束すると、中国は〈改革開放〉政策を推し進め、華人による中国への積極的な投資を期待します。

1980年、中国は建国後初めて〈国籍法〉を定め、華人の「二重国籍」を否定し、国籍問題を解消する方針を打ち出しました。その背景には、華人の世代交代が進み、居住国に生まれ育った二世、三世が多勢を占め、中国との関係が希薄化していったことがあります。当時のシンガポール首相**リー・クアンユー**（李光耀、1923-2015）は、華人の生存と繁栄は居住国とともにあり、その環境に適応することがかれら自身の利益であると明言しています[5]。

　〈冷戦〉終結後、中国は華人の居住国との国交を回復しました。東南アジア諸国との交流も自由化が進み、華人資本の中国への直接投資も急増しています。中国からの留学生を受け入れる国も増え、シンガポールでは専門知識を持つ中国人の労働や帰化が歓迎されています。

　一方、居住国政府による同化の強制、また他民族とのあつれきによる〈排華(はいか)運動〉の発生といった問題も起きています。マレーシアでは、先住民であるマレー人を優遇する政策〈ブミプトラ〉がとられるなど、華人に対する制限がなお存在しています。居住国の政策や他民族との関係によって、華人のおかれる環境や「国民」としての権利は一様ではありません。

　多様化する「外国人」「移民」の問題をめぐっては、研究の視点にも変化が起きているのが現状です[6]。華人についての参考書として、**『世界華人エンサイクロペディア』**（リン・パン編、游仲勲監訳、明石書店、2012）、

図12-2　リー・クアンユー著『リー・クアンユー回顧録』上（小牧利寿訳、日本経済新聞社、2000）

　5　シンガポールを独立に導いた初代首相リー・クアンユーについては、リー・クアンユー『リー・クアンユー回顧録――ザ・シンガポール・ストーリー』上・下（小牧利寿訳、日本経済新聞社、2000）があります。

第 12 章　華人世界　龍の末裔、そのルーツとアイデンティティ

『**華僑・華人事典**』（可児弘明ほか編、弘文堂、2002）、『**華僑華人――ボーダレスの世紀へ**』（可児弘明・游仲勲編、東方書店、1995）などの本が役立ちます。

華人のまち、チャイナタウン

　日本には現在、横浜・神戸・長崎に〈**チャイナタウン**〉があり、各都市を代表する観光地となっています。門の上にひさしのついた"牌楼（パイロウ）"、赤いランタン、漢字の看板の洪水――これらの光景は、チャイナタウンを象徴するイメージを作り上げてきました。では、こうしたチャイナタウンは、いつ、どのようにして形成されたのでしょうか。

　世界のチャイナタウンを見わたすことのできる入門書に、**山下清海（きよみ）『チャイナタウン――世界に広がる華人ネットワーク』**（丸善ブックス、2000）があります。この本で、「居住国の華人社会の顔」と述べられる通り、チャイナタウンにはその国の華人がおかれた経済・文化・政治的状況が反映されています。

　日本最大のチャイナタウン、〈**横浜中華街**〉を例に見ていきましょう。[7]
1859年、横浜開港にともない、欧米商人によって多くの中国人が日本に連れてこられました。取引の通訳や仲立ちをする中国商人「買弁（ばいべん）」や、刃物を使うことから"三把刀（サンパータオ）"とよばれた理髪業・裁縫業・調理業な

---

[6] より専門的な研究書に挑戦してみたい人は、『近代アジアの自画像と他者――地域社会と「外国人」問題』（貴志俊彦編著、京都大学学術出版会、2011）、陳天璽『華人ディアスポラ――華商のネットワークとアイデンティティ』（明石書店、2001）、『東アジアのディアスポラ』（陳天璽・小林知子編著、「叢書グローバル・ディアスポラ」1、明石書店、2011）、津田浩司『「華人性」の民族誌――体制転換期インドネシアの地方都市のフィールドから』（世界思想社、2011）、『チャイニーズネスとトランスナショナルアイデンティティ』（永野武編著、「日中社会学叢書――グローバリゼーションと東アジア社会の新構想」2、明石書店、2010）などが、視野を広げてくれます。

[7] 横浜中華街についてトピック別にわかりやすくまとめられた本に、『横浜中華街の世界――横浜商科大学 中華街まちなかキャンパス』（増補版、横浜商科大学、2012）があります。街の歴史については、林兼正・小田豊二『聞き書き 横濱中華街物語』（ホーム社、2009）が横浜華人のインタビューを再現しているほか、西川武臣・伊藤泉美『開国日本と横浜中華街』（大修館書店あじあブックス、2002）、田中健之『横浜中華街――世界最強のチャイナタウン』（中公新書ラクレ、2009）が詳しいです。『横浜華僑の記憶――横浜華僑口述歴史記録集』（中華会館、2010）には、「老華僑」の口述記録が集められています。

153

ど、商業に関わる専門業者の多かったことが、横浜華人の特徴です。当時、外国人居留地のなかでも低湿地だった地区に華人が集中して住んだことが、中華街の始まりとなりました。これは、16世紀より長崎に渡来した中国商人〈唐人(とうじん)〉と交易した際、幕府がかれらの居住地を〈唐人屋敷〉[8]に限定し、通商は認めるが非熟練労働を禁じた施策が引き継がれたといえるでしょう。

図12-3　横浜中華街の"牌楼"
(撮影：張文菁)

横浜には広東省出身の華人が多く、出身地・方言を同じくする者同士は「郷幇(きょうばん)」という同郷人組織を作り、異郷での生活を支えあいました。これは華人社会全体に共通する考え方で、同郷人の集会所である〈**会館**〉を持つチャイナタウンは少なくありません。地縁・血縁・業縁〔同業者の絆〕は、華人のネットワークをつなぐ重要な要素なのです。

また、華人は子弟の民族教育を重視してきました。「華僑三宝(かきょうさんぽう)」という言葉があるように、華人団体・華字新聞・華人学校は、〈**華語**〉〔中国の標準語を基本と

図12-4　横浜には、二つの華人学校がある
(撮影：張文菁)

　8　唐人屋敷については、横山宏章『長崎 唐人屋敷の謎』(集英社新書、2011)が豊富な図像資料とともに、Q&A方式でわかりやすく解説してくれます。
　9　張玉玲『華僑文化の創出とアイデンティティ──中華学校・獅子舞・関帝廟・歴史博物館』(ユニテ、2008)に、詳しく述べられています。

第12章　華人世界　龍の末裔、そのルーツとアイデンティティ

する、華人の共通語）によって中華アイデンティティを形成するため、華人のコミュニティには欠かせないものとなっています。[9]

横浜に華人学校ができたのは 1897 年、日本に亡命した**孫文**（1866-25）が華人の教育を提唱したのが始まりです。現在、横浜には二つの華人学校がありますが、これは 1952 年、台湾（国民党）支持派と中国（共産党）支持派の衝突により、学校が二つに分裂した事件に端を発しています。ふだん、観光客として横浜中華街を訪れると、このような対立は感じ取りにくいかもしれません。しかし、毎年 10 月には中国の〈国慶節〉〔1 日、建国式典が行われた日〕と、中華民国の〈双十節〉〔10 日、辛亥革命の発端となる武昌蜂起勃発の日〕の二つの建国記念日が祝われ、中国と台湾、掲げる国旗のちがいが政治的立場をあらわしているのです。

図12-5　再建された、横浜中華街の関帝廟
（撮影：張文菁）

中国では年中行事を旧暦で祝いますが、華人の場合、旧暦と新暦を併用しています。たとえば日本の華人は旧暦の正月〈春節〉を、中国の伝統にしたがい一族で食事をともにして祝います。その一方で、新暦の元旦も、日本の習慣にのっとって過ごします。チャイナタウンには〈関帝廟〉〔関聖帝君（関羽）をまつる廟〕や〈媽祖廟〉〔天后（媽祖）をまつる廟〕といった民間信仰の廟が建てられ、年越しのときに参拝する華人もいます。

横浜中華街の関帝廟は 1986 年に失火しましたが、90 年に再建されました。この再建は、分裂していた横浜華人が協力し、寄付金を集めて実現したものです。中華街の繁栄のためには政治的対立を乗り越え、共存共栄の道を模索するのもまた、華人の知恵といえるでしょう。

横浜中華街の関帝廟は観光スポットとしても名高く、5 月の「関帝誕」〔関聖帝君の誕生祝い〕のほか、〈神戸南京町〉の「春節祭」、〈長崎新地中華街〉

155

の「ランタンフェスティバル」など、各地のチャイナタウンで旧暦の年中行事がイベント化され、街の振興を支えています。こうした年中行事の観光化に合わせ、「獅子舞」や「龍舞」など伝統芸能も復活して行われるようになり、華人の三世、四世がその担い手になっています。

チャイナタウンを訪れる際には、「横浜開港資料館」、「神戸華僑歴史博物館」にも足を運んでみて下さい。長崎華人については、陳優継『ちゃんぽんと長崎華僑——美味しい日中文化交流史』（長崎新聞新書、2009）に食文化や風俗が紹介されています。

グローバル化する華人社会と新興のチャイナタウン

近年では、グローバル化の波が新世代の移民を出現させ、華人社会にも〈新華僑〉とよばれるニューカマーによる変化が起きています。この変化については、譚璐美・劉傑『新華僑 老華僑——変容する日本の中国人社会』（文春新書、2008）にわかりやすくまとめられています。アメリカで生まれ、英語環境で育った〈ABC（アメリカン・ボーン・チャイニーズ）〉[10]など、高学歴化、都市中産階層化が進む新世代の華人にとって、国籍はもはや自身のアイデンティティを示すものではなく、国際的に活躍するためのパスポートにすぎないという見方もあります。

いま新興のチャイナタウンとして注目を集めているのが、東京の池袋北口界隈です。ここは80年代半ば以降に急増した「新華僑」の街であり、生活に密着した華人向けの商店が集まっています。ガイドブックとして、山下清海『池袋チャイナタウン——都内最大の新華僑街の実像に迫る』（洋泉社、2010）が有用です。こうした新興のチャイナタウンは欧米、

---

10 アメリカの華人については、村上由見子『アジア系アメリカ人——アメリカの新しい顔』（中公新書、1997）がおすすめです。「ABC」を題材にしたグラフィックノベル〔アメリカン・コミックの一種〕に、カリフォルニア州出身の華人作家ジーン・ルエン・ヤン（Gene Luen Yang, 1973-）の『American Born Chinese』（First Second, 2006）があります。また、ニューヨーク州出身で、台湾で活躍している華人歌手にワン・リーホン（王力宏、1976-）がいます。民族音楽とヒップホップやR&Bを融合させた曲風を開拓したかれは、「ABC」の実力派歌手として中華圏で絶大な人気を誇っています。『Heroes Of Earth』（ソニーミュージック、2006）などのアルバムを聴いてみてください。

ロシア、南米、アフリカにも見られ、〈**改革開放**〉により大量に出国した中国人が、現地の同胞(どうほう)を相手に飲食店、旅行業、不動産業などを多角的に手がける、新たなビジネスモデルが出現したことを示しています。

未知の可能性を求めて国境を越えること——これは華人にとって、いつの時代も普遍的な人生の選択肢なのかもしれません。そうした華人の営みとチャイナタウンの形成については、**泉田英雄『海域アジアの華人街(チャイナタウン)——移民と植民による都市形成』**（学芸出版社、2006）、**山下清海『東南アジア華人社会と中国僑郷——華人・チャイナタウンの人文地理学的考察』**（古今書院、2002）を読むと理解が深まります。また、世界中のチャイナタウンで歌声が流れ、世代や国籍を問わず華人に愛されている歌手に**テレサ・テン**（鄧麗君、1953-95）がいます。**有田芳生『私の家は山の向こう——テレサ・テン十年目の真実(よしふ)』**（文春文庫、2007）を読むと、台湾に生まれ中国で歌うことを願った歌手の伝記を通し、華人にとって「祖国」とは何か、考えさせられます[11]。

ナショナリズムと華人

複数のアイデンティティを持つ華人について考えることは、〈**ナショナリズム**〉とは何かという問いをはらんでいます[12]。あるひとつの「国家」や「民族」に帰属意識を持っている人は、しばしばその構成員に共通する固有の文化があると想像しがちです。そのような想像をうながす力がナショナリズムであり、居住国における「他者」である華人は、そのなかでつねに抑圧を受けやすい存在なのです。

歴史的に見ると、19世紀ヨーロッパによる東南アジアの植民地支配

---

11 あわせて、平野久美子『テレサ・テンが見た夢——華人歌星伝説』（晶文社、1996）も読んでみてください。

12 鈴木貞美『日本の文化ナショナリズム』（平凡社新書、2005）、與那覇潤『日本人はなぜ存在するか』（「知のトレッキング叢書」、集英社インターナショナル、2013）が手始めの一冊としておすすめです。大澤真幸編『ナショナリズム論の名著50』（平凡社、2002）というすぐれたブックガイドもあります。古典的名著として、ベネディクト・アンダーソン『定本 想像の共同体——ナショナリズムの起源と流行』（白石隆・白石さや訳、書籍工房早山、2007）もはずせません。

と、その労働力として大量に船で運ばれた"苦力"が、〈帝国主義〉の産物といえるでしょう。その後、第二次世界大戦中に日本軍が東南アジアに侵攻したことによって、中国の抗日運動を支援したマラヤの華人は、多数が粛清されています[13]。この記憶は、現在にいたるまでマレーシアやシンガポールの華人のあいだに爪痕を残しています。

華人の歴史と記憶が文学に結実した例として、**張貴興『象の群れ』**（松浦恆雄訳、「台湾熱帯文学」2、人文書院、2010）をあげておきましょう。マレーシア華人が華語で書いた文学には、華人の子孫が民族の歴史を語りなおす物語がしばしば見られます[14]。華人の抱える政治的・民族的な葛藤を、フィクションのなかから読み解いてみることも、ナショナリズムと華人を考えるアプローチのひとつでしょう。

戦争や未曾有の災害など、大規模な危機に見舞われたときこそ、ナショナリズムが発動されやすいことを歴史は教えてくれます。戦時期の日本と華人については、**安井三吉『帝国日本と華僑——日本・台湾・朝鮮』**（青木書店、2005）に詳しく検証されています[15]。たとえば、国内の雇用を確保するため、日本は一貫して非熟練労働に従事する華人の入国を取り締まってきたにもかかわらず、日中戦争が激化し労働力が不足すると、大量の労働者を連行します。戦後はかれらの賠償要求を退けるため、すみやかに送還するという対策をとりました。朝鮮半島に渡った華人につい

13　高嶋伸欣・林博史編集・解説『マラヤの日本軍——ネグリセンビラン州における華人虐殺』（村上育造訳、青木書店、1989）は、マラヤにおける日本軍の華人虐殺を生きのびた遺族と関係者の口述記録です。専門的な研究書に、ポール・H・クラトスカ『日本占領下のマラヤ——1941-1945』（今井敬子訳、行人社、2005）があります。

14　マレーシア華語文学には、ほかにも次のような作品があります。方北方『ニョニャとババ』（奥津令子訳、井村文化事業社、1989）、「台湾熱帯文学」シリーズとして人文書院より李永平『吉陵鎮ものがたり』（池上貞子・及川茜訳、2010）、黄錦樹『夢と豚と黎明——黄錦樹作品集』（大東和重ほか訳、2011）、黎紫書ほか『白蟻の夢魔——短編小説集』（荒井茂夫ほか訳、2011）。また、シンガポールを代表する劇作家・演出家郭宝崑の戯曲集『花降る日へ—— When petals fall like snow』（桐谷夏子監訳、れんが書房新社、2000）にも、アジアの戦争の影と共生への祈りを見ることができます。

15　そのほか、『帝国崩壊とひとの再移動——引揚げ、送還、そして残留』（『アジア遊学』145、勉誠出版、2011）、今井清一監修、仁木ふみ子編『史料集 関東大震災下の中国人虐殺事件』（明石書店、2008）などがあります。

ては、**李建志『日韓ナショナリズムの解体――「複数のアイデンティティ」を生きる思想』**(筑摩書房、2008)に触れられています。これらの本はマイノリティとしての華人の姿を通し、「国民国家」の枠組みがときに排除の構造につながることについて、考えるヒントを与えてくれます。

ふたたび、華人とはだれか

最後に、映画や文学に登場する華人たちについて見ていきましょう。**村上由見子『イエロー・フェイス――ハリウッド映画にみるアジア人の肖像』**(朝日選書、1993)は、非華人社会が華人をどのように想像したのかを読み解いてくれます。[16]

また、ハリウッドで非華人が華人を演じた例として、映画**『散り行く花』**(D・W・グリフィス監督、1919)をあげておきます。[17] メーキャップによって細くつりあげられた目は、20世紀を通して、「他者」としての華人をあらわす記号だったといえるでしょう。華人が華人を描いた映画、**アン・リー**(李安)監督の**『ウェディング・バンケット』**(1993)では、同性愛の問題を通して「他者」化される華人の姿を浮き彫りにしています。21世紀に入ると、アジアにおいて非華人が華人を描いた**ヤスミン・アフマド監督のマレーシア映画『細い目』**(2004)などのように、異文化

図12-6 『散り行く花』の「華人」青年

---

16 漫画を扱ったものに、『カミング・マン――19世紀アメリカの政治諷刺漫画のなかの中国人』(胡垣坤ほか編、村田雄二郎・貴堂嘉之訳、平凡社、1997)があります。また、19世紀の欧米で描かれた華人像の専門書に、中文・英文の『世界華人与華人世界――十九世紀西洋画刊図文精選』(徐宗懋図文館主編、新世語文化、2012)があります。

17 このサイレント映画では、ニューヨーク出身のリチャード・バーセルメス(Richard Barthelmess, 1895-1963)が華人青年を演じています。そのほかにも、ワーナー・オーランド(Warner Oland, 1879-1938)など、ハリウッド映画では華人役に白人俳優を起用することが頻繁に行われています。

間の垣根を越えるような作品が見出されます[18]。

　作り手としての華人に目を向けると、たとえばその文学を「華人文学」としてひとくくりにすることなど、到底できないと気づかされる事例にことかきません。19世紀末から20世紀にかけて、ジャワ島で発達した〈プラナカン文学〉〔華人によるマレー語文学〕[19]や、日本統治期の台湾人作家による日本語文学などは、「言語」や「国境」といった枠組みをゆさぶるような問いかけをはらんでいます。そのあり方は、むしろ「華人とはだれか」という問題をつきつけるものとなっています[20]。

　〈天安門事件〉により亡命した作家鄭義(てぃぎ)(1947-)は、映画『亡命』(翰光(かんこう)監督、2010)のなかで、なぜアメリカで中国語にこだわって創作するのかを語っています。また、台湾で生まれ、日本で育った作家温又柔(おんゆうじゅう)(1980-)が日本語で書いた『来福の家』(集英社、2011)には、「母語」とは何かをめぐる華人の葛藤がつづられています。北京で生まれ育ち、大学卒業後に渡米したイーユン・リー(李翊雲、1972-)は、英語で書いた『千年の祈り』(篠森ゆりこ訳、新潮クレスト・ブックス、2007)について、新た

18　マレーシア映画をはじめとするアジアの多民族・多言語映画については、石坂健治ほか監修、夏目深雪・佐野亨編『アジア映画の森——新世紀の映画地図』(作品社、2012)、『混成アジア映画の海——時代と世界を映す鏡』(『地域研究』Vol.13 No.2、京都大学地域研究統合情報センター、2013)に紹介されています。ヤスミン・アフマド作品ほかマレーシア映画については、マレーシア映画文化研究会発行の「マレーシア映画文化ブックレット」シリーズが、中国・インド・イスラム文化の混交する多民族・多言語映画の面白さを伝えてくれます。

19　「プラナカン」とは、外来の民族、主に華人とマレー人とのあいだの子孫を指す言葉です。マレー半島のマラッカ、ペナン、シンガポールなどにも見られるプラナカン文化については、イワサキチエ・丹保美紀『マレー半島　美しきプラナカンの世界』(『私のとっておき』12、産業編集センター、2007)に豊富な写真とともに紹介されています。

20　専門的な研究書に、山田敬三編『境外の文化——環太平洋圏の華人文学』(汲古書院、2004)があります。アメリカ・東南アジア・日本・台湾・香港の華人による文学が数多く紹介されていますので、それぞれの作家・作品世界に触れてみてください。

21　渡米後、英語で書いている華人作家として哈金(ハ・ジン)(1956-)もあげておきます。かれらの作品が移民の物語にとどまらず、普遍的な共感をもたらすのはなぜなのか、まずは日本語の翻訳で味わってみてください。アメリカで、英語で発表された文学については、植木照代監修、山本秀行・村山瑞穂編『アジア系アメリカ文学を学ぶ人のために』(世界思想社、2011)、エレイン・H・キム『アジア系アメリカ文学——作品とその社会的枠組』(植木照代ほか訳、世界思想社、2002)などがあります。

160

第12章 華人世界 龍の末裔、そのルーツとアイデンティティ

に手に入れた言語だからこそ、自由に中国人の物語が書けると述べています[21]。

　華人世界に触れることは、たんに国境を越えることのみならず、「境界」という概念そのものを意識することにもつながっていきます。世界的な規模で人や情報の拡散と接触が盛んになっていく現在、目の前に横たわる「境界」とどう対峙するのか迷ったときこそ、華人アイデンティティの歴史と現在を考えてみてください。そのときあなたは、「境界」を乗り越える可能性の出発点に立っているのです。

読んでみよう・調べてみよう！

1 世界各地の華人の歴史について、複数の文献を参照し、地域別にまとめて報告しよう

2 チャイナタウンにみられる華人文化について、食・宗教・芸能などトピックを選び、調べて報告しよう

3 文学・絵画・漫画・映画・演劇・音楽などに登場する華人像を探し、作品が作られた時代や言語などの違いによって、どのような表現の差異があるか分析してみよう

第13章 少数民族

〈多民族国家〉としての中国──東アジアのなかで

首都北京、万里の長城から近すぎないか？

　中国の地図を見ると、首都の北京って、ずいぶん北にあるなあ、と思ったことのある人、いないでしょうか。

　あるいは、〈三国時代〉（184-280）などの歴史に詳しい人は、かつて中国の首都は長安〔現在の陝西省西安〕や洛陽〔河南省〕にあったのに、いつのまにかずいぶん北に移った、という印象を抱いたことがないでしょうか。首都は、〈六朝時代〉（220-589）には南京〔江蘇省〕にありましたし、〈北宋〉（960-1127）でさえ、黄河の南、開封〔河南省〕にありました。つまり北京は、漢民族の本来の居住地からすると、北の辺境に当たります。

　その北京から、高速道路でわずか一時間あまり、〈万里の長城〉に到達します。北京は広大な河北平原が、北方の山脈にぶつかる北端に位置し、長城はその山脈に沿って築かれています。長城は、北方の遊牧騎馬民族や狩猟民族、つまり〈モンゴル族〉や〈満洲族〉などの侵入から、南方の農耕民族、〈漢民族〉を守るために作られたはず。なのに、長城を突破したら、北京はもう目の前。こんな防御の最前線に首都を置いて、心配なかったのかしら。こんな疑問を抱く人もあるかもしれません。

図13-1　万里の長城

北京の名物料理に、"涮羊肉"〔羊肉のしゃぶしゃぶ〕があります。そもそも漢民族は、豚肉を常食とし、羊肉は、北の遊牧民や、西のイスラム教徒が好むもの。その習慣が漢民族のあいだに入ったわけですが、さすがに、北京名物は羊の肉だよ、と言われると……。

図13-2 羊肉のしゃぶしゃぶ
(出典) 周達生『中国食探検——食の文化人類学』平凡社、1994

さらに一歩進んで、中国人は必ずしも漢民族ではない、イスラム教徒の〈ウイグル族〉も、敬虔な仏教徒の〈チベット族〉も、同じく「中国人」……というと、かなり多くの日本人が不思議な気分になるでしょう。

広大な国土を誇る〈中華人民共和国〉は、典型的な〈多民族国家〉です。漢民族以外に、55の〈少数民族〉が認定されています[1]。ただし、少数といっても、13億人を超える人口のうち、圧倒的多数を占める漢民族に比べて少ないだけで、1千万人を超える民族もあります。

北京はなぜ長城のすぐそばに位置し、モンゴル族の一部やウイグル族はいかにして「中国人」となったのか。現在中国には、どのような民族がいて、国家と民族の関係にどのような問題が生じているのか。以下、北京の位置を念頭に置きながら、概観してみたいと思います。

〈東アジア〉という広がり

まず頭のなかに一つの地図を描いていただきましょう。〈東アジア〉という地域は、多くの場合、中国・朝鮮半島・日本、さらに北アジアと

---

[1] 漢民族と少数民族については、橋本萬太郎編『民族の世界史5——漢民族と中国社会』(山川出版社、1983) が基本的知識を与えてくれます。『中国56民族手帖』(松岡格・ワタナベマキコ、マガジンハウス、2008) はイラスト付きの少数民族紹介、田畑久夫他『中国少数民族事典』(東京堂出版、2001) は便利な事典です。

第13章　少数民族　〈多民族国家〉としての中国―東アジアのなかで

も区分されるモンゴルによって構成されます。しかし歴史的視点を加えると、もっと大きくなります。東アジアとは、中国を囲むようにして、中国と軍事・政治・経済・文化的な交流をもった諸地域によって構成される、と考えることが可能です。

具体的に挙げてみましょう。中国を中央に見ながら、反時計回りに、〈**日本・朝鮮半島・満洲**〔中国東北地方〕**・モンゴル・ウイグル・チベット・雲南**〔中国西南地方〕**・ヴェトナム**〉、そして中国を含め、計9つの地域です。

図13-3　『東アジア民族の興亡』

これらの地域に居住する（満洲の場合、かつて居住した）民族は、中国との交流を通じて、自らの民族や国家を形成してきました。一方の中国も、これらの地域との関係において、自らを形作ってきました。**大林太良**（たりょう）**・生田滋**（しげる）**『東アジア民族の興亡』**（日本経済新聞社、1997）は、その歴史の全体を描いてくれます。[2] 言語的には中国語と全く異なるものの、その影響から漢字を使用した地域、つまり〈**漢字文化圏**〉（日本・朝鮮半島・ヴェトナム）や、独自の文字を用いつづけた地域（満洲・モンゴル・ウイグル・チベット）もあります。

以上はあくまで主要な地域のみで、その地域のなかも細かな区分が可能です。また現在では、〈**台湾**〉や〈**香港・マカオ**〉、あるいは東南アジアの諸国を加えることも可能でしょう。[3] とはいえ、歴史的にみれば、東アジアとは、中国、及び中国と直接関係があった、以上の9地域です。

19世紀末までの東アジアの世界秩序は、歴史学では、〈**華夷秩序**〉（かい）と

---

[2]　東アジアの歴史や民族については他に、布目潮渢・山田信夫『東アジア史入門』（新訂版、法律文化社、1995）があります。

[3]　香港や台湾を含む、現在の東アジアについては、小島朋之・国分良成他『東アジア』（自由国民社、1997）が便利です。

いう名称で呼ばれます。中国は〈中華〉で、文明の中心に位置し、周辺に散らばる諸民族は〈夷狄〉、つまり中国の文明の恩恵に浴すべき蛮族、という世界観です。この秩序は、〈日清戦争〉(1894-5)で清朝が日本に敗れ、崩れ去ります[4]。

　秩序はときに安定し、ときに緊張しました。中心に位置する中国の力が強い時期には、ヴェトナムを支配下に置いたり、朝鮮半島や雲南に地方政府を置いたりしました。一方、周辺地域が軍事力を蓄え、中国の莫大な富を求めて、中心へと奔流のごとく流れ込んだ時期もあります。典型的なのが、モンゴル族が13世紀、〈ユーラシア大陸〉にまたがって作り上げた、〈モンゴル帝国〉です。また、満洲族が作り上げた〈大清帝国〉もその一つ。そして〈大日本帝国〉も、19世紀末から20世紀前半にかけて、台湾を植民地化、大陸を侵略しました。

　21世紀の現在、東アジアは、中国が歴史上もっとも膨張した状況にあります。中華人民共和国は、中国史上最大の領土を誇った〈清朝〉を継承し、東北地方・モンゴルの南半分・ウイグル・チベット・雲南を含みます。北京が全国の首都となったのは、モンゴル族の作った〈元朝〉以来のことで、清朝も北京を首都としました。北方のモンゴル族、東北の満洲族にとって、自らの領土と漢民族の領土の、中間地点に当たるのが北京です。すでに〈中原〉〔漢民族の住む地域〕を制覇した彼らにとって、万里の長城はもはや何の意味もなしません。両方の領土を統治するのに都合のいい位置、それが北京でした。

　つまり、北京に首都があるのは、中国が漢民族だけの国家ではなく、多民族国家となったことのあかし、であるわけです[5]。

　4　華夷秩序とその変化については、茂木敏夫『変容する近代東アジアの国際秩序』(山川出版社、1997)にわかりやすい解説があります。
　5　漢民族の「シナ」から、多民族の「中国」への移行については、岡田英弘・神田信夫・松村潤『紫禁城の栄光──明・清全史』(講談社学術文庫、2006)が鮮明に描いてくれます。

第 13 章　少数民族　〈多民族国家〉としての中国—東アジアのなかで

人民共和国の諸民族その１——朝鮮族から満洲族まで

　〈中華人民共和国〉の、漢民族以外の民族について、反時計回りに見ていきましょう。紙幅の関係で、歴史的に主要な役割を演じてきた民族に限定しますが、少数民族の文化の多様性は、より人口の少ない民族にこそ見られる、ともいえます。[6]

　〈脱北者〉という言葉を聞いたことがあるでしょうか。〈朝鮮民主主義人民共和国〉(北朝鮮)を脱出する難民のことですが、彼らの多くは、吉林省の〈延辺朝鮮族自治州〉など、中国東北地方に住む同族による支援を受けて亡命します。東北地方を中心とする中国に住む〈朝鮮族〉は、海外に住む朝鮮族としては最大の人口です。**戸田郁子『中国朝鮮族を生きる——旧満洲の記憶』**(岩波書店、2011)は、朝鮮族の人々のさまざまな人生に思いを馳せるきっかけとなるでしょう。[7]

　〈満洲族〉は、現在１千万人を超え、少数民族のうち２位の人口を誇ります。前身の〈女真族〉は、12 世紀に中原の北半分を支配した〈金〉(1115-1234)を建国しますが、最盛期は何といっても、民族名を改めて満洲族となった 17 世紀に打ち立てた、中国史上最大の版図を誇る巨大な多民族国家、〈清〉(1644-1912)です。民族勃興のようすは、**司馬遼太郎**の小説**『韃靼疾風録』**(中公文庫、1991)に活写されています。

図 13-4　『中国朝鮮族を生きる』

　清朝は 250 年以上つづき、支配者となった満洲族は〈旗人〉と呼ばれますが、徐々に漢化します。"旗袍"〔チャイナドレス〕など漢民族と共有

---

[6] 少数民族の全体像を知るには、村松一弥『中国の少数民族』(毎日新聞社、1973)、梅棹忠夫の対談集『中国の少数民族を語る』(筑摩書房、1987)があります。

[7] 他に、高崎宗司『中国朝鮮族』(明石書店、1996)、中国朝鮮族青年学会『聞き書き中国朝鮮族生活誌』(舘野アキラ他訳、社会評論社、1998)、鄭銀淑『中国東北部の「昭和」を歩く——韓国人が見た旧満州』(東洋経済新報社、2011)などがあります。

されたものを除き、伝統的な生活習慣は失われ、満洲語を話す人はごくわずかとなりました。ラストエンペラー・**愛新覚羅溥儀**（1906-67）の**『わが半生――「満州国」皇帝の自伝』**（小野忍他訳、ちくま文庫、1992）は、清末の宮廷生活を、現代中国の文豪・老舎（1899-1966）の自伝**『満洲旗人物語』**（『老舎小説全集』第5巻、竹中伸訳、学研、1981）は、北京の旗人の家庭生活を描いています。

19世紀になると、欧米列強の侵略が激しくなり、また隣国日本も東北地方を中心に侵略を進め、1932年には日本の傀儡国家〈満洲国〉が建国されます。**宮脇淳子『世界史のなかの満洲帝国』**（PHP新書、2006）は、満洲を中心に民族の勃興から満洲帝国までの歴史を描きます。満洲族同様、〈ツングース系民族〉の一つに、〈エヴェンキ族〉がいます。作家ウロルトの**『琥珀色のかがり火』**（牧田英二訳、早稲田大学出版部、1993）は、狩猟を生業とする彼らの生活を神話的に描いています。

人民共和国の諸民族その2――モンゴル族からウイグル族まで

〈モンゴル族〉は現在、〈モンゴル国〉〔外モンゴル、北モンゴルとも〕、中国、ロシアに分かれて住んでいます。人口がもっとも多いのが、中国の〈内モンゴル自治区〉〔南モンゴル〕に住むモンゴル族です。

彼らの先祖たちが創った世界史上最大の帝国については、名著、**岡田英弘『世界史の誕生――モンゴルの発展と伝統』**（ちくま文庫、1999）があります。内モンゴル自治区とは異なる歴史をたどった、モンゴル国の近現代史については、**Ts・バトバヤル『モンゴル現代史』**（明石書店、2002）、時代を感じるには、**小長谷有紀『モンゴルの二十世紀――社会主義を生きた人びとの証言』**（中央公論新社、2004）があります。

1966年に始まる〈プロレタリア文化大

図13-5 『世界史の誕生』

第 13 章　少数民族　〈多民族国家〉としての中国—東アジアのなかで

革命〉〔〈文革〉と省略〕は、少数民族にとって漢民族以上に悲劇の時代でした。内モンゴル自治区のモンゴル族が味わった苦しみは、同地出身の民族学者、楊海英の『墓標なき草原——内モンゴルにおける文化大革命・虐殺の記録』（岩波書店、2009, 11）に詳しく再現してあります。小説の形では、リグデン『地球宣言——大草原の偉大なる寓話』（佐治俊彦／ボルジギン・ブレンサイン訳、教育史料出版会、2009）で読むことができます。

ユーラシアの最奥に位置し、東西を結ぶ交通路として〈シルクロード〉とも呼ばれた〈中央アジア〉は、〈トルコ系民族〉の天地です。もともとモンゴル高原に居住していたトルコ系の人々は、中央アジアやアナトリア〔小アジア〕に移住、すでに住んでいたペルシア〔イラン〕系の人々と混血し、やがてイスラム教を受け入れ、17世紀に最大の版図を誇った〈オスマン帝国〉を作り上げました。帝国衰退後は、アナトリアに〈トルコ共和国〉ができます。

中央アジアに広がったトルコ系の人々は、ロシアと中国の支配を受けますが、ソ連崩壊後、〈カザフスタン・ウズベキスタン・トルクメニスタン・キルギス〉の4国として独立を果たします（同じく独立した中央アジアのタジキスタンは、イラン系民族）。一方、〈ウイグル族〉は、現在も中国の〈新疆ウイグル自治区〉に居住しています。坂本勉『トルコ民族主義』（講談社現代新書、1996）は、これら中央アジアに広がるトルコ系民族を知る絶好の一冊です。

「中国の火薬庫」とも称されるウイグルは、チベットとともに民族問題が先鋭化し

図 13-6　『ウイグルの母　ラビア・カーディル自伝』

8　モンゴルの遊牧生活については、小長谷有紀『モンゴル草原の生活世界』（朝日選書、1996）が読みやすく、また文化については、楊海英『モンゴル草原の文人たち——手写本が語る民族誌』（平凡社、2005）をお薦めします。

やすい地域です。民族間の対立に苦しむウイグル族の声は、『**ウイグルの母——ラビア・カーディル自伝**』（水谷尚子監修・熊河浩訳、ランダムハウスジャパン、2009）、**水谷尚子『中国を追われたウイグル人——亡命者が語る政治弾圧』**（文春新書、2007）などにうかがうことができます。

また、〈寧夏回族自治区〉には、外見や言語は漢民族と変わらないものの、イスラム教を信仰する、〈回族〉が住んでいます。

人民共和国の諸民族その3
——チベット族から西南の諸民族まで

2008年にチベットで起きたデモや、2011年の僧侶の焼身自殺事件、また各国を歴訪してチベットの平和を説く**ダライ・ラマ14世**（1935-）について聞いたことのある人はいるでしょうか。〈**チベット族**〉は、平均4500メートルの高原に、高度な仏教文化を発達させました。モンゴルやウイグル族同様、独自の文化や言語・文字を持つ、歴史ある民族です。

中華人民共和国が成立すると、〈**人民解放軍**〉は1950年にチベットを制圧します。1956年に始まる〈**チベット動乱**〉の結果、ダライ・ラマは1959年インドへと亡命します。チベットでは弾圧がつづき、また文化大革命ではチベットの寺院など仏教文化が破壊されました。

チベットの仏教文化や、また悲劇の現代史については、『**ダライ・ラマ自伝**』（山際素男訳、文春文庫、2001）の一読を薦めます。

図13-7 『ダライ・ラマ自伝』

9　中央アジアの歴史や生活については、間野英二『中央アジアの歴史——草原とオアシスの世界』（講談社現代新書、1977）が読みやすく、現代史については、今谷明『中国の火薬庫——新疆ウイグル自治区の近代史』（集英社、2000）が読みやすいです。

10　チベットの文化や歴史については、山口瑞鳳『チベット』（東京大学出版会、1987, 88）があります。

第13章　少数民族　〈多民族国家〉としての中国―東アジアのなかで

　また、外国人のほとんどいなかったチベットの見聞録として、ドイツ人**ハインリヒ・ハラーの『セブン・イヤーズ・イン・チベット』**（福田宏年訳、角川文庫、1997）は興味津々の読み物です。また**ツェリン・ドルジェ写真／ツェリン・オーセル著『殺劫（シャーチェ）――チベットの文化大革命』**（藤野彰・劉燕子訳、集広舎、2009）は、伝統文化と信仰生活を破壊した文革の嵐を生々しくよみがえらせます[11]。また、中国語作家、**ザシダワ／色波『風馬の耀（ルンタのかがやき）――新しいチベット文学』**（牧田英二訳、JICC出版局、1991）、**阿来（アーライ）『空山――風と火のチベット』**（山口守訳、勉誠出版、2012）、チベット語作家、**トンドゥプジャ『ここにも激しく躍動する生きた心臓がある』**（チベット文学研究会編訳、勉誠出版、2012）は、もう一つのチベットの顔を見せてくれるでしょう。

　雲南省を中心とする中国の西南地方は、数多くの少数民族が居住する地域です[12]。四川省と雲南省のあいだの山岳地帯に住む〈**彝族**（イ）〉は、独特の〈**彝文字**〉を現在も用いています。水路と屋根瓦の美しい町麗江（れいこう）に住む〈**ナシ族**〉は、現役の象形文字〈**トンパ文字**〉で有名です。大理（だいり）にはかつて王国をつくった〈**ペー族**〉が多く住み、ラオスとの国境近くの景洪（こう）に住む〈**タイ族**〉は、水かけ祭りで有名です。

　西南地方は多種の民族が複雑に雑居する地域です。〈**苗族**（ミャオ）〉や〈**土家族**（トウジャー）（こなん）〉、漢民族が居住する湖南省西部からは、現代中国の最も才能あった作家、**沈従文**（しんじゅうぶん）（1902-88）が生まれました。「**辺城**（へんじょう）」（『現代中国文学5』河出書房新社、松枝茂夫訳、1970）は、彼らの世界を描いた傑作です。少数民族中最大の、2千万人に近い人口の〈**チワン族**〉は、〈**広西チワン族自治区**〉

11　20世紀後半の歴史については、チベット人からの証言を集めた、アベドン『雪の国からの亡命』（三浦順他訳、地湧社、1991）、ドネ『チベット受難と希望』（山本一郎訳、岩波現代文庫、2009）があります。

12　雲南の諸民族については、飯倉照平編『雲南の民族文化』（研文出版、1983）、福山陽子『雲南の旅いろいろ事始め』（凱風社、2001）、川野明正『雲南の歴史』（白帝社、2013）などがあります。

13　少数民族問題については、毛里和子『周縁からの中国――民族問題と国家』（東京大学出版会、1998）、加々美光行『中国の民族問題――危機の本質』（岩波現代文庫、2008）があります。

を中心に住んでいます。

　多民族国家・中国では、モンゴル・ウイグル・チベットなどの少数民族と、圧倒的な経済力と人口圧で少数民族居住地域に進出する漢民族との、民族間の対立は、しばしば悲劇を生んでいます。民族問題は、今後の中国にとって、貧富の格差や政治の民主化などと並ぶ、最大の課題といえるでしょう。[13]

第 13 章　少数民族　〈多民族国家〉としての中国―東アジアのなかで

読んでみよう・調べてみよう！

1　中華人民共和国の少数民族について、複数の本を読み、報告しよう

2　それぞれの民族の文化について、分担して報告しよう

3　少数民族にとって文化大革命とは何だったのか、各民族の記録（『墓標なき草原』『殺劫』）を読み、報告しよう

第14章
レファレンスのために

書を求めて、町に出よう

　本書では、執筆陣がおすすめの中国関連書籍を紹介しながら、現代中国のさまざまな分野について概説してきました。ここでは、本書で紹介した書籍の探し方をはじめ、レポートや論文執筆に役立つ各種の調べものの方法について、紙幅の許す限り紹介します。

　本を買おう！
　本屋に行ったけれども、探している本がどこにあるのかわからず見つからなかった……。そんな経験はありませんか？　紀伊國屋書店、ジュンク堂書店、三省堂書店、旭屋書店など、大型書店には、在庫検索システムがあり、店舗に置いてある端末を使えば、探している本がどこの書棚にあるのかを調べることができます。在庫検索システムは、本を探す時間を大幅に短縮でき、買い物にとても便利です。家の近くの本屋にない本も大型書店にはそろっているかもしれません。
　探している本は、家の近所の本屋にはないし、大型の本屋は遠いので買いに行くのが面倒だ。そんな経験もあるかもしれません。実際に本屋に足を運ばなくても、インターネットで本を購入することができます。オンラインストアには、アマゾン (http://www.amazon.co.jp) のほか、honto ネットストア (http://honto.jp/netstore.html) があります。
　上記の大型書店でもネット通販のサービスをしているところもあります。ウェブで書店名を入れて検索してみましょう。
　本書で紹介したような、中国関係の書籍を専門に取り扱っている書店もあります。代表的な中国書籍専門書店は以下のとおりです。

中国書籍専門書店

東方書店
 東京 〒101-0051 東京都千代田区神田神保町 1-3
 関西 〒564-0063 大阪府吹田市江坂町 2-6-1

内山書店
 東京 〒101-0051 東京都千代田区神田神保町 1-15

亜東書店
 東京 〒101-0054 東京都千代田区神田錦町 1-4
           日中友好会館 1F
 名古屋 〒466-0825 愛知県名古屋市昭和区八事本町 100-32
           八事ビル 1F

燎原書店
 東京 〒101-0051 東京都千代田区神田神保町 3-2-9
           塚本ビル 2F
 名古屋 〒464-0819 愛知県名古屋市千種区四谷通 3-6

山本書店
 東京 〒101-0051 東京都千代田区神田神保町 2-7

東豊書店
 東京 〒105-0053 東京都渋谷区代々木 1-35-1
           代々木会館 3F

崑崙書房
 名古屋 〒464-0082 愛知県名古屋市千種区上野 2-4-10

朋友書店
 京都 〒606-8311 京都市左京区吉田神楽岡町 8

北九州中国書店
 小倉 〒800-0257 北九州市小倉南区湯川 4-2-19

第 14 章　レファレンスのために　書を求めて、町に出よう

　東方書店のサイト「中国・本の情報館」(http://www.toho-shoten.co.jp/) は、国内外の書籍が注文でき、中国関連書籍の情報が充実しています。
　また、中国語書籍専門のオンラインストアには、以下の書店があります。

> **書虫**（http://www.frelax.com/sc/）
>
> **上海学術書店**（http://www.shanghaibook.co.jp/）

　本書で紹介した書籍のなかには、出版年が古く、すでに絶版になっているものも少なくありません。本が絶版になっていても、あきらめるのはまだ早いです。日本には古本屋という文化があります。まちの古本屋をのぞいて、じっくり古本をさがすのもひとつの楽しみといえますが、近年はインターネットで古本を簡単に探すことができるようになっています。加盟している古書店の古本の在庫を検索できる「日本の古本屋」(http://www.kosho.or.jp/servlet/top) にアクセスしてみてください。
　アマゾンの利用者間の取引であるマーケットプレイスや Yahoo! オークション（http://auctions.yahoo.co.jp/）〔5000 円以上の買い物には登録料が必要〕でも、古本を買うことができます。大型辞書など、定価ではなかなか手が出せない掘り出しものが見つかるかもしれません。

図書館へ行こう！

　本を読みたいけれど、お金がない！　お金はあるけれど、絶版で手に入らない……。そんなあなたに大きな力となるのが図書館です。図書館には、一般書のほか、学術書が多く所蔵されており、無料で閲覧ができます。
　公立の図書館の多くは、その市町村に在住または通勤・通学していれば、利用することが可能です。なお、大学の図書館は、その大学の学生かどうかで利用規定が異なるので注意が必要です。図書館を利用する前に、事前にホームページでチェックしましょう。大学図書館が在学生に発行する紹介状があれば、他大学の図書館を利用することも可能です。

図書館の図書資料は大きく二種類に分けられます。自由に閲覧することのできる開架資料と、自由に閲覧ができない閉架部分に保存されている書庫資料です。書庫資料は、稀覯本と呼ばれる入手困難な貴重書籍以外は、図書館のカウンターで請求することで閲覧が可能です。大学図書館の多くは、その大学に在籍する大学院生以上〔図書館長が許可した人〕であれば書庫への入庫が認められています。

　図書館にどのような本があるかを探すには、コンピューターの「OPAC」（Online Public Access Catalog）こと、「**オンライン蔵書目録**」で検索することができます。図書館に置いてある蔵書検索用の端末を使って、自分の読みたい本や探したい本を、検索してみましょう。大学図書館の蔵書検索の多くは、インターネットから蔵書の有無を調べることができます。図書館に行く前に調べておくと、探している資料をすぐに見つけることができ、効率的です。

　図書資料は、日本十進法分類やデューイ十進分類など、図書の分類法によって書架に並べられています。これにより、図書館の書架には、中国文学ならば中国文学関係の書籍が、映画ならば映画関係の書籍がまとめて並べられています。分類のされ方によっては、自分が探している本が予想外の書架に置かれていることもあるかもしれません。端末で検索し、分類番号を事前にチェックしてみましょう。そして、図書館で目当ての本を見つけたら、その本のまわりにも目を向けてみてください。自分の興味関心により近い本が、あなたの近くにあるかもしれません。

図書館にない本の探し方―― CiNii books の使い方

　探していた本が図書館に所蔵されていなくても、あきらめてはいけません。大学図書館には相互貸借制度というものがあり、その図書館の蔵書になくても、他大学の図書館にあれば、郵送料を払えば取り寄せることができます。また、読みたい論文が掲載されている雑誌が図書館にない場合も、著作権の範囲内で文献複写の依頼をすることができます。

　大学図書館のOPACにはさまざまな種類がありますが、提携を結ん

第 14 章　レファレンスのために　書を求めて、町に出よう

でいる大学や研究機関の蔵書を横断的に検索できるようになっているものもあります。探している本がどこにあるのかを探すのに役立つのは、NII こと国立情報学研究所（National Institute of Informatics）による〈CiNii books〉（http://ci.nii.ac.jp/books/）〔CiNii と　は、Citation Information by NII〕です。これを利用すれば、全国の大学図書館の所蔵資料を検索できます。

国立国会図書館の利用法

日本国内に住む 18 歳以上の方なら、誰でも利用できる図書館が「**国立国会図書館**」（NDL National Diet library）です。東京本館（東京都千代田区）と関西館（京都府相楽郡）、そして児童書を多く所蔵している国際子ども図書館（東京都台東区）があります。関西館には、中国をはじめアジア関係書籍の多くが東京本館から移管されています。国立国会図書館は、国会の図書館であり、日本国内で発行されるほとんどすべての書籍を所蔵する日本最大規模の図書館です。

「**国立国会図書館デジタルコレクション**」は、注目のコンテンツです。中国の古典籍をはじめ、国立国会図書館に所蔵されている新聞や書籍、音声資料を、インターネット上で閲覧することができます。東京館や関

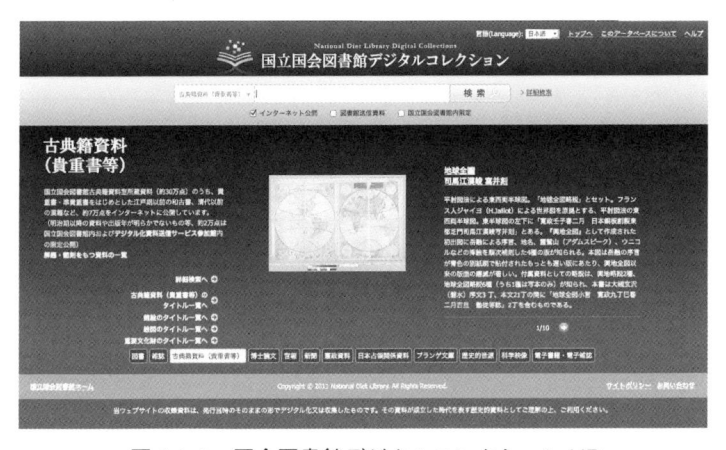

図 14-1　国会図書館デジタルコレクション HP

西館の館内からしかアクセスできない資料も多いのですが、館外からインターネットで閲覧できる資料も増えてきています。「**近代デジタルライブラリー**」にアクセスしてみてください（http://kindai.ndl.go.jp/）。2014年6月現在、約35万点が閲覧可能です。

図書館の活用法

図書館の利用方法がわからない場合は、カウンターにいる司書に相談してみましょう。図書館には〈**レファレンス・サービス**〉があり、利用者が求める情報や、必要な資料を検索し提供してくれます。カウンターにいる司書は、本の貸し出しだけが仕事ではありません。かれらは実は調べもののエキスパートなのです。図書館には、利用のガイドツアーを行なっているところもあります。

図書館が利用者に提供しているサービスは対面サービス以外にもあります。インターネット上で、調べものに役立つツールを紹介している図書館もたくさんあります。近くに住んでいないと利用しづらいように思える国会図書館ですが、インターネットからでもさまざまなサービスを利用することができます。国会図書館のホームページは調べものに役立つサービスが盛りだくさんです。

国会図書館の蔵書は「NDL-OPAC」で検索できますが、特に便利なのが、「**国立国会図書館サーチ**」（NDL Search）です。キーワード検索で、探したい語句を入力すると、図書のほか、論文や記事が検索でき、自分の調べたい資料を探すのにたいへん役に立ちます。ただし、名前をキーワードにして検索した場合、名前によっては、同姓同名の別の人の著書や論文が複数ヒットする可能性があるので注意しましょう。また、

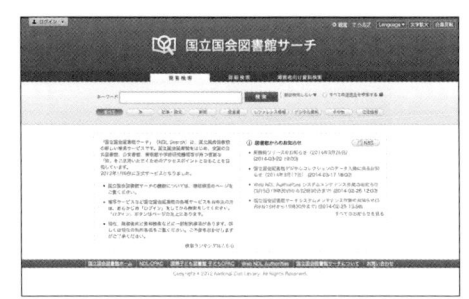

図14-2　国立国会図書館サーチ HP
http://iss.ndl.go.jp/

第 14 章　レファレンスのために　書を求めて、町に出よう

　「国立国会図書館サーチ」は、全国の公共図書館とも連動しており、探している本がどこの図書館に所蔵されているのかを調べることもできて便利です。

　あるテーマについて、どう調べたらよいかわからない時は、「**リサーチ・ナビ**」(http://rnavi.ndl.go.jp/rnavi/)を見てみましょう。どういった本や辞書をひけばよいかを教えてくれます。

　国立国会図書館にかぎらず、大学図書館のホームページにも、調べもののエキスパートたちが役立つ情報をコンパクトにまとめています。大学の図書館のコンテンツものぞいてみてください。

論文の探し方——　CiNii Articles

　日本国内の論文の検索は、国立情報学研究所の〈CiNii〉(http://ci.nii.ac.jp/)が便利です。また、〈Google Scholar〉(http://scholar.google.co.jp)で検索しても、同様に論文を検索することができます。検索をしてヒットした論文は、ウェブ上で公開されているものであれば、すぐ閲覧することができます。ウェブ上で公開されていない論文を読みたい場合は、掲載誌名、号数、出版年、発行者、掲載頁などを書き留めておき、その掲載雑誌とその掲載号が図書館に所蔵されていないかを確認してみましょう。

　中国関係の論文の多くは、『東洋学文献類目』に掲載されています。現在、京都大学人文科学研究所東アジア人文情報学研究センターのデータベースの「**東洋学文献類目検索**」(version6 は 1980-2000 年、version7 は 1934-1980, 2001-)から検索することができます。

　掲載雑誌が近くの大学図書館にない場合もあきらめてはいけません。中国関係（哲学・宗教、文学・語学、歴史・政治・経済、近代以降の歴史・政治・経済）の年度ごとの論文集である『**中国関係論説資料**』に収められているかもしれません。

　近くの図書館に所蔵されていない場合は、図書館の相互貸借制度を利用し、探している論文の掲載雑誌を取り寄せましょう。

中国語で書かれた論文を探すには、〈**CNKI**〉(China National Knowledge Infrastructure「中国知網」) が有用です。「中国期刊全文数拠庫」(中国雑誌データベース) にアクセスすれば、中国の雑誌や刊行物の記事や論文を検索することができます。東方書店が販売している CNKI カードを購入することで、PDF ファイルでデータをダウンロードすることができます。なお、国立国会図書館では、国立国会図書館内の端末上の「デジタル化資料データベース」から、「中国期刊全文数拠庫」と「中国報紙全文数拠庫」(中国新聞データベース) が利用可能で、有料で複写することができます。また、CNKI が利用できる大学もあります。

CiNii で検索してみよう　　まずは CiNii にアクセス！

CiNii 日本の論文をさがす Articles

1　「論文検索」「著者検索」「全文検索」のタブからひとつを選び、キーワードを入力します (例は「論文検索」で著者を入力しています)。

　　郁達夫における大正の自伝的恋愛小説の受容--『懺悔録』・『受難者』・『新生』
　　大東 和重
　　野草 (84), 1-20, 2009-08

2　論文のタイトルと執筆者、掲載誌、頁、発行年月がわかります。「CiNii PDF オープンアクセス」「機関リポジトリ」の表示が

あるものは、クリックをすれば閲覧できます。

「CiNii　定額アクセス可能」と表示されている場合、利用登録をしなくてもその論文だけをクレジットカード払いで閲覧ができます。ネットで閲覧できない場合、「タイトル」をクリックします。

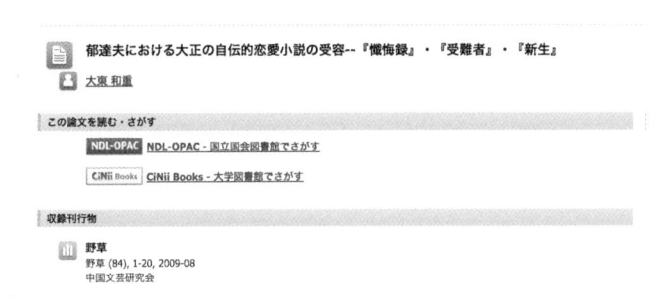

3 掲載誌がどこにあるかを調べます（「CiNii Books - 大学図書館でさがす」を選ぶ）。

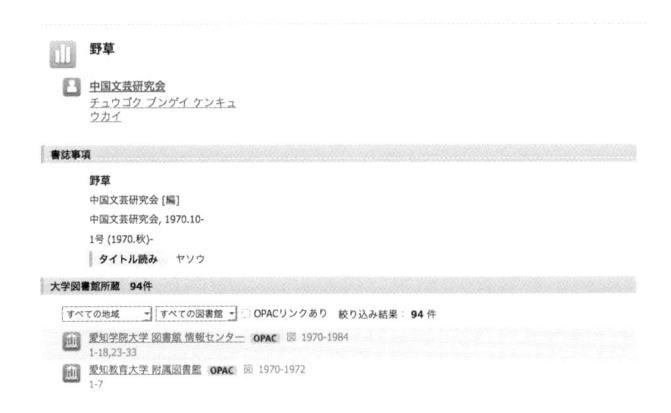

4 その雑誌がどこにあるかがわかります。近くの図書館にない場合は取り寄せてみよう。

ネットで調べもの

パソコンを使って調べものがしたい人は、『電脳中国学入門』（漢字文献情報処理研究会編、好文出版、2012）がお薦めです。パソコンでの中国語の入力方法の紹介から、中国研究に有用なサイトが丁寧に解説されています。

パソコンで中国語を入力するためには、IME（Input Method Editor）を設定する必要があります。「**どんと来い、中国語**」（http://dokochina.com）などのサイトで詳しく説明されています。

中国語で入力ができるようになったなら、インターネットの中国語のサーチエンジンを使って情報収集をしてみましょう。

> 百度（http://www.baidu.com/）
>
> 台湾版 Yahoo! 奇摩（http://tw.yahoo.com）

中国語を使った検索は、上記のサーチエンジンでキーワード検索してみてください。日本の報道とは違う角度からの情報を探すことができるでしょう。ただし、中国ウェブサイトには、コンピューターウイルス感染の危険性の高いサイトがあります。よくわからないポップアップウインドウを間違ってクリックしないように気をつけてください。

用例検索

中国語を読むとき、辞書をひいて単語の意味（日本語訳）だけを調べるのでなく、その語がどのように使われているかに注意を払って調べると、正しい読解につながります。辞書には、用例が多く載せられていますが、中国語原文を読んでいると、それだけでは解決できない文章にぶつかることも多々あります。また、自分の中国語作文が中国の人にとって自然な文章か確かめたくなることもあるでしょう。そんなときは、インターネットで中国語データベースにアクセスして用例を調べてみましょう。

第14章　レファレンスのために　書を求めて、町に出よう

> 台湾中央研究院「漢籍電子文献」（一部有料）
> http://hanji.sinica.edu.tw/
> ▷古典籍、二十四史などの史書の用例検索ができます。
>
> 「開放文学」
> http://open-lit.com/list.php
> ▷古典小説から20世紀初めの文学作品まで幅広く用例検索可能！
>
> 「北京大学中国語言学研究中心のコーパス」
> http://ccl.pku.edu.cn/corpus.asp
> ▷古典から現代までさまざまな用例検索ができます。

ネットを使った調べものの注意点

　ゼミの調べものやレポートや論文を書く時、ウィキペディアはとても便利です。しかし、引用したという断り書きをせずに、コピー＆ペーストでレポートを仕上げる人がいて、大学教員たちのあいだでは問題になっています。「コピペ」した文章はだいたいわかるものです。専門家の目はごまかせません。

　ウィキペディアは誰もが自由に編集に参加できるため、新しいことばにもすぐに語釈がつけられます。辞書に載っていない用語にも解説がつけられていることも多く、ウィキペディアは基本的な情報を知るにはとても便利です。ウィキペディアの記事は、多くの人の目にさらされることによって、問題のある記事は議論がなされたうえで修正されますが、記事のなかには何を根拠にその記述をしているかが不明瞭なものもあります。また、記述に間違いがあることもしばしばです。

　論文を書くときには、どこまでが自分の意見でどこからが他人の意見なのかを明確に区別することが必要です。誰がいつどこでその意見を述

べているのかをきちんと明示すること。これは、文章を書くうえでとても重要です。インターネットの記事を引用するときは、その記事にいつアクセスしたか閲覧日を書くようにしましょう。

最近のウィキペディアには脚注がつけられている記事が増えており、ウィキペディアの記述にも客観性と正確性が求められています。ウィキペディアの記事も先行研究に拠っているのです。

ウィキペディア上の「関連書籍」や「外部リンク」も調べものをするうえで参考になります。自分で調べものをして文章を書く時は、ウィキペディアやインターネットの記事だけで満足せずに、本書で紹介した本をはじめ、辞書類をひき、書籍を読んで、自分の頭で考えて正確な記述をするようにしましょう。

なにかを書くという行為はある事象を切り取ることでもあります。ウィキペディアの記述は、森羅万象のほんのわずかな部分にすぎません。ウィキペディアを手がかりにして、そのことやその周辺のことをさらに調べると、もっと面白いことや新しい発見があるかもしれませんよ。

工具書案内

中国語を学習している方で、これから中国語原文で読みたいと考えている方にオススメの辞書、そして、もっと本格的に調べものをしたいという方に、専門的な辞書類を少しだけ紹介します。これらの辞書類を中国学の世界では工具書と呼びます。

言語

『言語学大辞典』 第六巻「術語篇」(亀井学・千野榮一・河野六郎、三省堂、1995)
　　　▷言語学の術語の解説がこの一冊に！

中日辞典

『東方中国語辞典』(相原茂他編、東方書店、2004)
　　　▷類義語のニュアンスのコラムがうれしい。

第 14 章　レファレンスのために　書を求めて、町に出よう

『中日辞典』第二版（小学館、2003）
　　　　▷定番の中型辞書。コラムも充実。2008 年には新語・情報篇が発売！

『講談社中日辞典』第三版（相原茂編、講談社、2010）
　　　　▷すべての例文にピンインが施されており便利。

『中日大辞典』第三版（愛知大学中日大辞典編纂処編、大修館書店、2011）
　　　　▷語彙が豊富。小説の読解に大きな力に。

『白水社中国語辞典』（伊地知善継編、白水社、2002）
　　　　▷中日辞典の中型辞典の決定版！　文法の説明が充実しており、例文もわかりやすい！　中国語を読むときには常に座右に置きたい一冊！！

『中国語大辞典』上下巻（大東文化大学中国語大辞典編纂室編、角川書店、1994）〔『現代漢日辞海』、北京大学出版社、1999 は、『中国語大辞典』の影印本〕
　　　　▷現時点で、日本国内でもっとも語彙の豊富な中日辞典。古典小説の語彙も豊富。重いので上下巻を間違えないように注意！

漢和辞典

『全訳漢辞海』第三版（戸川芳郎監修、佐藤進、濱口富士雄編、三省堂、2011）
　　　　▷コンパクトながら、豊富な用例すべてに日本語訳がついている！　漢文訓読の句法説明もあり、非常に重宝！！

『大漢和辞典』全 13 巻（諸橋轍次、大修館書店、1957-60）
　　　　▷日本最大の漢和辞典。中国の歴史上の人名や地名にも強い！　『大漢和辞典語彙索引』をあわせて使うと便利！　諸橋氏の序文が泣けます。

中中辞典

『現代漢語詞典』第六版（商務印書館、2012）
　　　　▷中華人民共和国における国語辞典の決定版。（中国語）

『漢語大詞典』全 12 巻（上海辞書出版社、1986-1994）
　　　　▷中国最大の中国語辞典。現在は、全 12 巻 22 冊本が刊行されている。附録の索引は歴代王朝の元号や度量衡を調べるのに便利。また、中国漢語大詞典編纂処、日本・禅文化研究所編纂『多功能漢語大詞典索引』（漢

語大詞典出版社、1997)は、逆引きができ、四字成語を調べるのに便利。『漢語大詞典』は筆画順に配列されているので、ピンインがわかる人は、梅維恒主編『漢語大詞典詞目音序索引』(漢語大詞典出版社、2003)をあわせて使えば、辞書をひくスピードが大幅にアップ!!(中国語)

方言辞典

『漢語方言常用詞詞典』(閔家驥他編、浙江教育出版社、1991)
　　　　▷コンパクトな方言辞典。辞書をひいても意味の通らない中国語は、方言の可能性あり。

『漢語方言大詞典』全五巻(許宝華・宮田一郎主編、中華書局、1999)
　　　　▷難解な中国語方言語彙に出会ったときはこれをひいてみよう。

歴 史

『岩波現代中国辞典』(天児慧他編、岩波書店、1999)
　　　　▷中国の現代史の人名や事件を調べるのにはまずこの一冊。

『アジア歴史事典』全12巻(鈴木俊他編、平凡社、1959-62)
　　　　▷中国史を学ぶためには必携の書籍。

『中国史籍解題辞典』(神田信夫・山根幸夫編、燎原書店、1989)
　　　　▷中国史研究の常用の書籍についての解題をはじめ基本情報が満載!

『新編東洋史辞典』(京大東洋史辞典編纂会編、東京創元社、1980)
　　　　▷中国はもちろん、東南アジアやインドまで、幅広く、詳しい解説が魅力。

『中国文化史大事典』(尾崎雄二郎、竺沙雅章、戸川芳郎編、大修館書店、2013)
　　　　▷日本最大の中国文化事典。中国の歴史・文学・文化について調べるために、一度は引いてみよう。

人名

『中国人名事典　古代から現代まで』(日外アソシエーツ編、日外アソシエーツ、1993)

第 14 章　レファレンスのために　書を求めて、町に出よう

　　　▷歴史上の著名な人物から、現代の政治家、文化人などにいたるまで収録。
　　　日本語で読める中国の人名事典。

『中国人名辞書』（難波常雄他編、辞典叢書⑰、東出版、1996）〔『支那人名辞書』[啓
文社、1903]の復刻版〕
　　　▷古いが、歴史上の人物から 19 世紀の清末までの人名を豊富に収録して
　　　いる。

『中国文化界人物総鑑』（橋川時雄、中華法令編印館、1940）
　　　▷これまた古いが、中華人民共和国の辞典には掲載されない、中華民国期
　　　の文化人について多く収録。

『民国人物大辞典』増補版上下巻（徐友春主編、河北人民出版社、2007）
　　　▷中華民国期の人物について調べたいときはまずこの一冊。（中国語）

『中国現代文学作者筆名録』（鉄鴻、中国現代文学史資料匯編（丙種）、湖南文芸
出版社、1988）
　　　▷現代中国文学の作家たちの多くは筆名を用いています。誰かを特定する
　　　ときに役立ちます。（中国語）

『中国近現代人物名号大辞典（全編増訂本）』（陳玉堂編著、浙江古籍出版社、
2005）
　　　▷1840 年から 1949 年までの各界の著名人の本名、筆名、号を収録。（中国語）

『20 世紀中国人物伝記資料索引』上下二編 4 冊本（復旦大学歴史系資料室編、
上海辞書出版社、2010）
　　　▷『辛亥以来人物伝記資料索引』の増補版。ある人物に対する伝記がどこ
　　　に掲載されたかをまとめたもの。より深く迫りたい時に！（中国語）

地図

『アジア歴史地図』（松田寿雄・森鹿三編、平凡社、1966）
　　　▷日本語の中国歴史地図の代表。

『中国歴史地図集』全 8 冊（譚其驤主編、地図出版社、1982）
　　　▷中国の歴史地図の決定版。（中国語）

『上海歴史ガイドマップ増補改訂版』（木之内誠、大修館書店、2011）
　　　　▷近代都市・上海探索には必携の書！　上海の街並みがより魅力的に見えるはず!!

文学

『中国学芸大事典』（近藤春雄編、大修館書店、1978）
　　　　▷やや記述は古いが、古典籍や文学者や思想家の基礎的情報を調べるのにはまずこの一冊。さらに知りたい人は関連論文を探そう！

『中国現代文学事典』（丸山昇他編、東京堂出版、1985）
　　　　▷1980年代前半までの中国現代文学について調べるときにはまずこれ！

『図説中国20世紀文学』（中国文芸研究会編、白帝社、1997）
　　　　▷20世紀を10年ごとに区切りながら解説。原文を読みながら中国文学を学べる。附録も充実！

『中国文学大辞典』全8冊（馬良春、李福田総主編、天津人民出版社、1991）
　　　　▷古典から現代文学まで中国文学の作者や作品や用語を網羅。（中国語）

『中国通俗小説総目提要』（江蘇省社会科学院明清小説研究中心、江蘇省社会科学院文学研究所編、中国文聯出版社、1991）
　　　　▷中国古典小説の内容など、基本情報が満載。（中国語）

『中国古代小説書目』全3冊（石昌渝主編、山西教育出版社、2004）
　　　　▷白話と文言の別に中国古典小説の内容など、基本情報を収録。（中国語）

『中国文学研究要覧　古典文学1978-2007』（川合康三監修、谷口洋他編、日外アソシエーツ、2010）

『中国文学研究要覧　近現代文学1978-2007』（藤井省三監修、藤澤太郎他編、日外アソシエーツ、2010）
　　　　▷1978年以降の日本における中国文学研究の精華を集めた文献目録!!

演劇

「京劇城」（http://www.geocities.jp/cato1963/index.html）

第 14 章　レファレンスのために　書を求めて、町に出よう

　　　▷加藤徹氏が運営する京劇情報サイト。京劇イベントや上演情報のほか、
　　　　京劇情報が満載。京劇に興味がある人は要チェック！

『京劇劇目初探』（陶君起、中華書局、2008。もとは中国戯劇出版社、1963）
　　　▷京劇の演目の内容を知るにはまずこの一冊。（中国語）

『中国崑劇大辞典』（呉新雷主編、南京大学出版社、2002）
　　　▷世界無形遺産の崑劇専門の辞典。（中国語）

『中国現代戯劇総目提要』（董健、南京大学出版社、2003）
　　　▷話劇を中心に、中国現代劇の作品を網羅。（中国語）

映画

『中国電影大辞典』（上海辞書出版社、1995）
　　　▷1990 年代までの中国映画の基本情報が満載！（中国語）

『中国映画の全貌 100 1980-1995』（大映・東光徳間編、大映・東光徳間、1995）
　　　▷1980 年以降の日本で公開された中国映画の基本情報がここに。

『中華電影データブック　完全保存版』（石子順他著、稲見公仁子他監修、キネマ旬報社、2010）
　　　▷中国・香港・台湾の映画に関する基本情報がこの一冊に！

『中国影片大典（1905-1930）』（中国電影出版社、1996）
　　　▷草創期の中国映画の基本情報を収める。（中国語）

『中国影片大典（1931-1949.9）』（中国電影出版社、2005）
　　　▷上海の映画を中心に中華人民共和国建国までの映画の基本情報がここ
　　　　に。（中国語）

『香港影片大全』第一巻～第七巻（続刊）（香港電影資料館、1997-2010）
　　　▷1974 年までの香港映画のすべてがここに！（中国語）

美術

『中国美術全集』全 51 冊（中国美術全集編輯委員会編、文物出版社、1985-96）
『中国現代美術全集』全 48 冊（中国現代美術全集編輯委員会編、河北美術出版社、1997-98）
　　▷中国美術がいかなるものか、ぜひ見てみよう！（中国語）

台湾・香港・華人世界

『華僑・華人事典』（可児弘明・斯波義信・游仲勲編、弘文堂、2002）
　　▷国内外の華僑研究をまとめた情報量たっぷりの事典。

『華人・華僑関係文献目録』（福崎久一、アジア経済研究所、1996）
　　▷日本語、中国語、英語の華僑関連の文献を網羅的に集めている。

『世界華人エンサイクロペディア』（リン パン著、游仲勲他訳、明石書店、2012）
　　▷華人・華僑の歴史や用語が豊富な図版とともに紹介。華人世界の百科事典！

少数民族

『世界民族事典』（綾部恒雄監修、弘文堂、2000）
　　▷世界の民族とともに中国の少数民族を紹介！

『中国少数民族事典』（田畑久夫他編、東京堂出版、2001）
　　▷中国少数民族についての概説がこの一冊に！

『中国少数民族史大辞典』（高文徳主編、吉林教育出版社、1995）
　　▷少数民族の歴史がまとめられている。（中国語）

『中国民族史人物辞典』（高文徳主編、中国社会科学出版社、1990）
　　▷少数民族の歴史的人物について紹介。（中国語）

さいごに

本章では、本や論文の探し方、工具書案内をしてきました。紙幅の関

第 14 章　レファレンスのために　書を求めて、町に出よう

係で十分な説明ができたとはいえませんが、以下の書籍やサイトにも、調べもののノウハウが満載です。こちらもご参照ください。

『中国学レファレンス事典』（潘樹広編著、松岡榮志編訳、凱風社、1988）
　　　▷中国文学関係の調べもののコツがここに！

ウェブサイト

清原文代氏のサイト　http://www.las.osakafu-u.ac.jp/~kiyohara/
　　　▷中国語や中国文学を学ぶ者向けの基本的な調べもののノウハウが満載！

睡人亭（山田崇仁氏のサイト）　http://www.shuiren.org/
　　　▷インターネットを使った中国学の情報のほか、他分野にも応用可能な、
　　　中国史の論文やレポートを書くためのお得な情報満載！

電脳瓦崗寨（千田大介氏のサイト）http://wagang.econ.hc.keio.ac.jp/
　　　▷インターネットを利用した中国研究に有用な情報がここに！

読んでみよう・調べてみよう！

1 本書を読んで、興味をもったことがらについて、CiNiiを使って、論文を検索してみよう

2 図書館で見つけた（もしくは取り寄せた）論文が引用している先行研究を探してみよう

3 テーマをひとつ選び、文献を探し読み込んだうえで、自分の考えをまとめ、レポートを完成させよう

あとがき

　中国に関心のない、あるいは中国に対しあまりいい印象を持っていない人に、中国語を話す人々の世界がいかに広大で、人さまざま、土地さまざまかを知ってもらいたい。広く中華圏に関心を抱くきっかけとなる本を作りたい。本書はそのような思いから作られています。

　本書が生まれるまでに、多くの方々のお世話になりました。
　そもそも企画は、2011年8月、有馬温泉で開催された関西学院大学出版会の夏合宿に始まります。出版会編集委員の田村和彦、市川文彦両先生より、形式についてアイディアを頂戴しました。中華圏の現代文学・文化を対象とする研究者の集まりである、「中国モダニズム研究会」に話を持ち帰り、メンバーと討議を重ねました。その結果、中華圏に関心を持ってもらうための、手軽で楽しく読めるテキストを提供しよう、と決まりました。せっかくやるなら1冊だけではさみしいと、今後も続巻を予定しています。
　章立てや執筆者が決定したのが、2011年12月、富山でのこと。その後執筆を開始し、2012年は7月に高知、8月末には神戸、2013年も7月に金沢へと、原稿を持ち寄り、相互に検討しました。ネットでのやりとりも加えると、刊行まで、どれだけ相互の検討を重ねたか分からないほどです。成果が文面に出ているといいのですが…。
　さほど厚くはありませんが、刊行には時間をかけました。出版会編集部の田中直哉さんには、作業の進捗を辛抱強く待っていただきました。また同じく編集部の戸坂美果さんには、時間をかけて繊細で美しい版を組んでいただきました。本書が読みやすいものとなっているとすれば、お二方の骨折りのおかげです。

さて、人事は尽くしました。
　あとは、天にわかにかき曇り、稲妻のとどろきとともに龍あらわれ、翼を広げて読者の皆さんのもとに飛んでゆき、中華圏の旅へといざなうのを待つのみ。
　この一冊を片手に、中華圏の広く果てしない空へと飛び立ってみて下さい。

大東和重

関連年表

　この年表は、主に本書で登場した事項をまとめたものです。
　「中華圏での出来事」欄は注釈がない限り、20世紀の中国大陸における出来事を掲載しています。「政治、社会」欄には歴史的に重要と思われる事件、および文学、芸術運動などを記し、「新聞、雑誌、作品」欄には新聞、雑誌、単行本作品を『　』、映画、芝居、新聞・雑誌掲載作品を「　」を用いて書き入れました。「世界での出来事」には、日本を含む、中華圏以外の出来事を加えています。なお、事項やタイトルは、基本的にすべて日本語を付けました。
　皆さんも、大学の授業や他の本で勉強した事項を書き込みながら、自分だけの年表を完成させてみてください。

年代	中華圏での出来事 政治、社会	新聞、雑誌、作品	世界での出来事
1800 40	アヘン戦争（-42）		
42	清、南京条約により香港島をイギリスに割譲		
51	太平天国の乱（-64）		
58	アロー号戦争（-60）		
59			[日] 横浜開港、横浜中華街誕生
68			[日] 明治維新
72		『申報』（新聞）創刊	
84		『点石斎画報』（絵入り新聞）創刊	
93		『新聞報』（新聞）創刊	
94	日清戦争（-95）	韓邦慶『海上花列伝』	
95	[日]台湾総督府設置（-1945）		
97	商務印書館設立 孫文、日本に亡命		[英] 九龍半島の租借条約を結ぶ
98	戊戌変法運動（戊戌政変）		アメリカ・スペイン戦争
99			[米] 中国門戸開放宣言（-1900）

197

年代	中華圏での出来事 政治、社会	中華圏での出来事 新聞、雑誌、作品	世界での出来事
1900	義和団事件（-01）		
01			
02		『新小説』創刊 梁啓超「小説と政治の関係について」、「新中国未来記」	日英同盟締結
03		李宝嘉『官場現形記』	［英］チベット侵入
04	蔡元培ら、上海で光復会を結成		日露戦争勃発（-05）
05	孫文ら、東京で中国同盟会を結成 科挙廃止	曾樸『孽海花』 中国で初の映画作品「定軍山」上映	［露］「血の日曜日」
06			
07	春柳社（東京、上海）の結成	劉鶚『老残遊記』 呉趼人『二十年目睹之怪現状』	
08	上海にて虹口大戯院が設立		［土］青年トルコ党革命
09		李涵秋『広陵潮』	
1910			［日］韓国併合
11	武昌蜂起→辛亥革命 劉海粟、上海図画美術院創設		外モンゴル独立宣言
12	中華民国成立	徐枕亜『玉梨魂』	［日］大正時代はじまる 第一次バルカン戦争
13			第二次バルカン戦争
14	斉如山、京劇の新作演目制作開始		第一次世界大戦（-18） ［日］青島に進軍、占領
15		『青年雑誌』（後の『新青年』）創刊	［日］中華民国に二十一箇条要求
16			
17	文学革命	胡適「文学改良芻議」	ロシア革命
18	中華民国政府、注音字母の公布	魯迅「狂人日記」 周作人「人の文学」	
19	梅蘭芳第一回日本公演 五四運動、この前後に新文化運動 中国国民党成立	胡適「結婚騒動」	パリ講和会議

関連年表

年代	中華圏での出来事 政治、社会	中華圏での出来事 新聞、雑誌、作品	世界での出来事
1920		張資平「ヨルダン河の水」	国際連盟発足
21	中国共産党成立 林風眠、フランスで海外芸術運動社結成	魯迅「阿Q正伝」 郁達夫「沈淪」	モンゴル人民共和国成立
22			ソビエト連邦成立（-91）
23			［日］関東大震災
24	第一次国共合作（-27） 梅蘭芳第二回日本公演	張恨水『春明外史』 凌叔華「刺繍の枕」	
25			
26	国民革命軍、北伐開始（-28）	豊子愷『子愷漫画』	［日］昭和時代はじまる
27	上海で四・一二クーデター	張恨水『金粉世家』 廃名「桃畑」	［日］第一次山東出兵
28	張作霖爆殺事件	劉吶鷗「風景」 葉浅予「王先生」掲載開始	［日］第二次山東出兵
29		戴望舒『我の記憶』	世界恐慌はじまる
1930	梅蘭芳訪米公演 ［台］霧社事件 「決瀾社」結成	張恨水『啼笑因縁』	
31	柳条湖事件、満洲事変 魯迅と内山嘉吉、新興版画講習会開催		
32	第一次上海事変 「満洲国」成立	茅盾『子夜』 穆時英「上海のフォックストロット（ある断片）」	［日］五・一五事件
33		老舎『離婚』 程歩高監督「春蚕」 孫瑜監督「おもちゃ」 蕭紅「生死の場」	［独］ヒトラー内閣成立 ［米］ニューディール政策
34	中国共産党の長征（-36）	沈従文「辺城」 曹禺「雷雨」 蔡楚生監督「新女性」 老舎「らくだのシアンツ」	
35	中国共産党、遵義会議 梁錫鴻ら東京にて中華独立美術協会結成	張楽平「三毛流浪記」掲載開始 袁牧之監督「街角の天使」	

年代	中華圏での出来事 政治、社会	中華圏での出来事 新聞、雑誌、作品	世界での出来事
36	西安事変	馬徐維邦監督「深夜の歌声」	[日] 二・二六事件 スペイン内戦
37	第二次上海事変 盧溝橋事件、日中戦争の開始（-45）		ブリュッセル会議
38	[日] 台湾にて皇民化運動を推進 延安にて魯迅芸術学院成立		[独] オーストリア併合
39	第二次国共合作（-45）		第二次世界大戦（-45）
1940			日独伊三国軍事同盟成立
41		蕭紅『胡蘭河の物語』	太平洋戦争開始
42	中国共産党、整風運動開始	毛沢東「文芸講話」	
43	内モンゴル自治区設置 蒋介石ら、カイロ宣言		
44		張愛玲『伝奇』	
45	国共間で「双十協定」締結		ポツダム宣言 国際連合成立
46	国共内戦全面化（-49）		
47	[台] 二・二八事件	路翎『資産家の子供たち』 銭鍾書『結婚狂詩曲』	
48	金庸、香港に移住	蔡楚生監督「春の河、東へ流る」 沈浮監督「家々の灯」	大韓民国、北朝鮮成立
49	中華人民共和国成立 [台] 戒厳令（-87）	費穆監督「小城之春」	NATO発足 ドイツ連邦共和国（西独）、ドイツ民主共和国（東独）成立
1950	婚姻法、土地改革法公布 人民解放軍、チベット侵攻	孫瑜監督「武訓伝」	朝鮮戦争（-53）
51	中央人民政府政務院「伝統劇改革工作に関する指示」 毛沢東、「武訓伝」批判始める 三反運動開始		サンフランシスコ講和条約
52	五反運動開始、三反五反運動へ	田漢『白蛇伝』	

関連年表

年代	中華圏での出来事 政治、社会	中華圏での出来事 新聞、雑誌、作品	世界での出来事
53			［ソ］スターリン死去
54			
55	胡風批判 新疆ウイグル自治区設置	趙樹理『三里湾』 連環画『鉄道遊撃隊』刊行開始	ワルシャワ条約
56	簡体字の使用はじまる 「百花斉放、百家争鳴」呼びかけ 梅蘭芳第三回日本公演	陳西禾監督「家」 昆曲「十五貫」	［ソ］スターリン批判 日本、国際連盟加盟 日ソ共同宣言
57	反右派闘争 毛沢東「東風は西風を圧倒する」	郭沫若作、焦菊隠演出「虎府」 老舎「茶館」 艾蕪『百煉成鋼』 曲波『林海雪原』 梁斌『燃え上がる大地 紅旗譜』	欧州経済共同体（ECC）成立
58	漢語拼音方案制定 大躍進運動始まる（-60）	楊沫『青春の歌』 周而復『上海の朝』（-62） 水華監督「林商店」	
59	チベット動乱、ダライ・ラマ、インドへ亡命		キューバ革命
1960	中ソ党会議		日米安保条約
61			
62	中印国境紛争		キューバ危機
63	「雷鋒に学べ」運動開始		アフリカ統一機構発足 ［米］ケネディ暗殺
64	全国京劇現代物コンクール	『毛主席語録』成立	ベトナム戦争（-73） 東京オリンピック開催
65	チベット自治区の設置		日韓基本条約
66	プロレタリア文化大革命（-76） 中華人民共和国、初の水爆実験成功	京劇「紅灯記」、「智取威虎山」、バレエ「白毛女」など八作品が「革命模範劇」と認定される	
67	上海コミューンの設立		欧州共同体（EC）成立 東南アジア諸国連合（ASEAN）成立
68			［日］川端康成ノーベル文学賞受賞
69	中ソ国境紛争		［米］人類初の月面着陸成功

201

		中華圏での出来事	世界での出来事
年代	政治、社会	新聞、雑誌、作品	
1970	初の人工衛星打ち上げ成功		[日] 三島由紀夫割腹自殺
71	林彪事件 中華人民共和国、国連加盟		ドル・ショック
72	日中国交正常化	高玉宝『夜中に鳴くニワトリ』 浩然『輝ける道』(-74)	[米] ニクソン大統領訪中 [日] 田中角栄首相訪中
73			石油ショック
74	批孔批林運動		
75	[台湾] 蒋介石、死去		第一回サミット
76	周恩来死去→第一次天安門事件 毛沢東死去、江青ら「四人組」逮捕		ベトナム社会主義共和国成立
77		劉心武「クラス担任」	
78	日中平和友好条約締結 鄧小平、改革開放政策開始 （中共第十一期三中全会）	盧新華「傷痕」 『今天』創刊	
79	中越戦争 中米国交正常化 「星星画会」結成	茹志鵑「ちぐはぐな物語」 劉賓雁「人妖の間」 アニメ映画「ナーザの大暴れ」	イラン・イスラム革命 アフガニスタン政変と、ソ連軍出兵
1980	国籍法の制定	諶容『人、中年に到るや』 王蒙「蝴蝶」	イラン・イラク戦争勃発 (-88)
81		楊絳『幹校六記』	
82		遇羅錦『春の童話』 高行健、林兆華「非常信号」を上演 孫羽・王啓民監督「人、中年に到る」 呉貽弓監督「北京の想い出」 水墨画アニメ「鹿鈴」	フォークランド紛争
83	精神汚染一掃キャンペーン	切り絵アニメ「蝴蝶泉」	大韓航空機撃墜事件
84	サッチャー首相訪中、「香港問題に関する中英共同声明」調印	賈平凹「野山―鶏巣村の人びと」 陳凱歌監督「黄色い大地」	

関連年表

年代	中華圏での出来事 政治、社会	中華圏での出来事 新聞、雑誌、作品	世界での出来事
85	「八五美術運動」展開	張賢亮『男の半分は女』 韓少功『爸爸爸』 張暖忻『青春祭』 田壮壮監督「狩り場の掟」 田壮壮監督「盗馬賊」 侯孝賢監督「童年往時」	
86	[台] 民進党結成	莫言『紅いコーリャン』 ジョン・ウー監督「男たちの挽歌」	[ソ] チェルノブイリ原発電事故
87	ポルトガルと「マカオ問題に関する共同声明」調印 [台] 戒厳令解除	陳凱歌監督「子どもたちの王様」 謝晋監督「芙蓉鎮」 張芸謀監督「紅いコーリャン」 侯孝賢監督「恋恋風塵」	
88	[台湾] 蒋経国死去、李登輝就任		ソウルオリンピック開催
89	第二次天安門事件 [台] プロ野球が発足 「中国現代美術展」開催	侯孝賢監督「悲情城市」	[独] ベルリンの壁開放 ダライ・ラマ、ノーベル平和賞受賞
1990		林兆華戯劇工作室成立 張承志『紅衛兵の時代』	東西ドイツ統一
91		エドワード・ヤン監督『牯嶺街少年殺人事件』	ソビエト連邦崩壊 湾岸戦争勃発
92	鄧小平、南巡講話	鄭義「中国の地の底で」 陳凱歌監督「さらば、わが愛覇王別姫」 孟京輝「思凡」 寧瀛監督「北京好日」 孫周監督「心の香り」 蔡明亮監督「青春神話」	
93		田壮壮監督「青い凧」 アン・リー監督「ウェディング・バンケット」	
94		張芸謀監督「活きる」	[日] 大江健三郎ノーベル文学賞受賞
95		王家衛監督「恋する惑星」 許鞍華監督「女人、四十。」	[日] 阪神淡路大震災 [日] 地下鉄サリン事件 Windows95の発売、インターネット普及へ

年代	中華圏での出来事 政治、社会	中華圏での出来事 新聞、雑誌、作品	世界での出来事
96	［台］李登輝、総統直接選挙で当選 ［台］張恵妹デビュー	王安憶『長恨歌』 陳染『プライベートライフ』 呉天明監督「變臉」	
97	香港、中華人民共和国に返還 鄧小平、死去	張芸謀監督「あの子を探して」	
98		残雪『魂の城』 鄧曉芒『精神の歴程』	
99	［台］五月天デビュー 「東廊画廊」設立 マカオ、中華人民共和国に返還	衛慧『上海ベイビー』 張芸謀監督「初恋のきた道」 霍建起監督「山の郵便配達」	
2000	［台］哈日族登場 ［台］民進党の陳水扁、第二回総統直接選挙で当選	安妮宝貝『さよなら、ビビアン』 韓寒『上海ビート』	［仏］高行健、ノーベル文学賞受賞
01	［台］周杰倫デビュー 崑劇、世界無形遺産に	楊凡監督「華の愛」 周星馳監督「少林サッカー」	アメリカ同時多発テロ事件
02	北京にて「七九八芸術区」形成	ダイ・シージエ監督「小さな中国のお針子」 陳凱歌監督「北京バイオリン」 張芸謀監督「HERO」 田壮壮監督「春の惑い」 アンドリュー・ラウ監督「インファナル・アフェア」 易智言監督「藍色夏恋」	ワールドカップ日韓共同開催
03	SARS発生	張煒『九月の寓話』	イラク戦争（-11）
04		史鉄生『記憶と印象』 張芸謀監督「LOVERS」 賈樟柯監督「世界」	アテネオリンピック開催
05	日本の国連安保理事会入りに反対し、各地で反日デモが起こる	余華『兄弟』（-06） 『最小説』創刊 張楊監督「胡同のひまわり」 アン・リー監督「ブロークバック・マウンテン」	

関連年表

年代	中華圏での出来事 政治、社会	中華圏での出来事 新聞、雑誌、作品	世界での出来事
06		閻連科『丁庄の夢』 張芸謀監督「王妃の紋章」 哈斯朝魯監督「胡同の理髪師」 賈樟柯監督「長江哀歌」	［日］板東玉三郎、蘇州崑劇院にて「牡丹亭還魂記」演じる
07		郭敬明『悲しみは逆流して河になる』 田原『水の彼方』 南派三叔『盗墓筆記』（-2011) 陳凱歌監督「PROMISE 無極」 アン・リー監督「ラスト、コーション」	［米］イーユン・リー『千年の祈り』
08	チベットで大規模デモ 四川大地震 ［台］国民党馬英九、第四回総統直接選挙で当選 北京オリンピック開催	陳凱歌監督「花の生涯——梅蘭芳の生涯」 賈樟柯監督「四川のうた」 魏徳聖監督「海角七号 君想う、国境の南」 艾未未、北京オリンピック会場「鳥の巣」デザイン建築に参加	
09		蘇童『河・岸』 艾未未、ネット運動「公民調査」（四川大地震被害者名簿作成)	
2010	上海万国博覧会開催 劉暁波、ノーベル平和賞受賞	王兵監督「無言歌」 翰光監督「亡命」	
11		『超好看』創刊 魏徳聖監督「セデック・バレ」 温又柔『来福の家』	［日］東日本大震災、福島第一原子力発電所事故
12	莫言、ノーベル文学賞受賞	一青妙『私の箱子』	
13			
14	［台］ひまわり学生運動		

なお、年表中の［　］内が表すのは以下のとおり。
［台］台湾、［日］日本、［米］アメリカ、［露］ロシア（ロマノフ朝）
［ソ］ソビエト連邦、［独］ドイツ、［英］イギリス、［仏］フランス、［土］トルコ

中国地図

ウルムチ

新疆ウイグル自治区

青海省

西寧

甘

チベット自治区

ラサ

四川省

昆明

雲南省

中国地図

～～～～～～は、明代の万里の長城
(『しにか』1997年2月号「特集 万里の長城」掲載の地図にもとづく)

中華圏関連地図

本文で登場する主要な都市

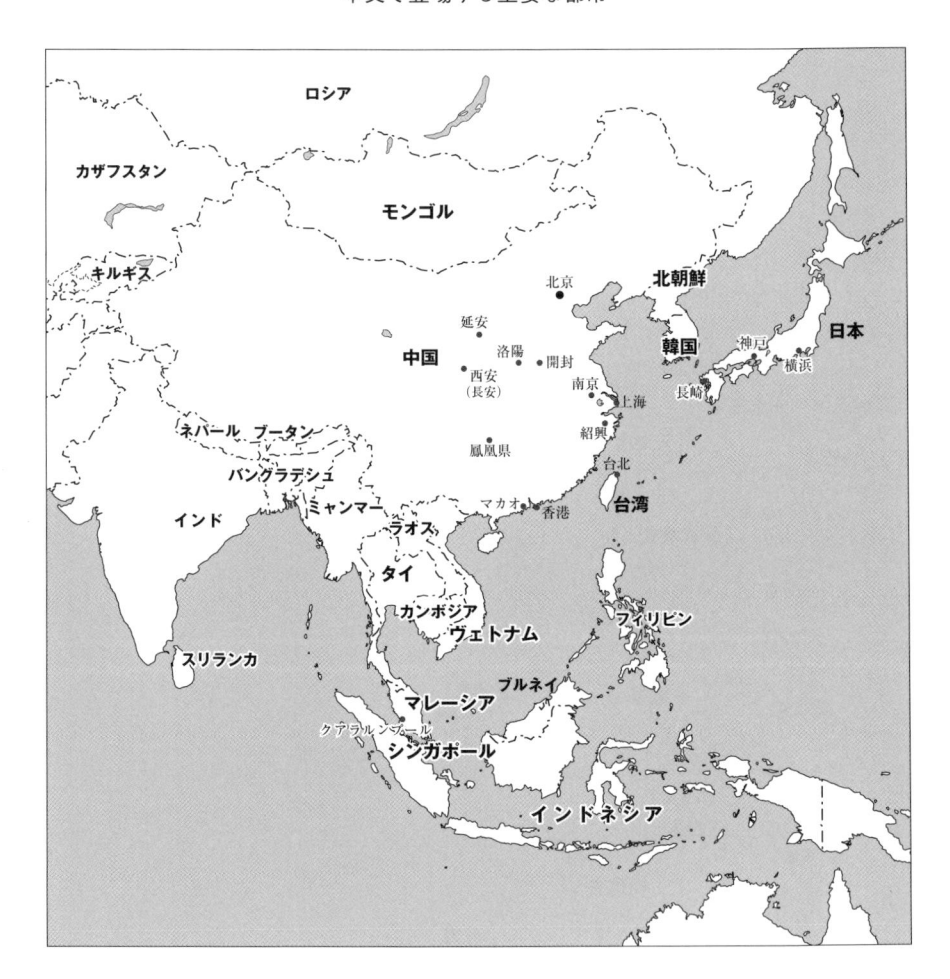

索 引

凡 例

索引は、本文における太字表記の人名および〈キーワード〉を収録した。
原則として日本漢字音の音読み（漢音）で仮名をつけ、数字は掲載頁を表わす。
一部の人名のうち慣用的な読み方があるものは複数の読み方を収めた。検索の便のために、←で他の読み方を示し、→で頁数を載せた項の読み方を示した。
なお、一部、架空の人物は「事項」に収めた。

人名索引

アルファベット

A・ラモス→ラモス
S.R. ラムゼイ→ラムゼイ
Ts・バトバヤル　168

あ

阿来（あらい）→アーライ
アーメイ　129
　←張恵妹（ちょう・けいまい、チャン・ホイメイ）
阿来（アーライ）　171
　←阿来（あらい）
艾未未（アイ・ウェイウェイ）　119
　←がい・びび
愛新覚羅溥儀（あいしんかくら・ふぎ）　12, 168
阿英（あえい）　31
秋山孝（あきやま・たかし）　118
アグネス・スメドレー　14
阿城（あじょう）　62
麻生晴一郎（あそう・せいいちろう）　120
阿辻哲次（あつじ・てつじ）　26
安妮宝貝（アニー・ベイビー）　73
阿牛（アニウ）　22
　←陳慶祥（ちん・けいしょう）
有島生馬（ありしま・いくま）　110
有田芳生（ありた・よしふ）　157
有吉佐和子（ありよし・さわこ）　64
アン・リー　106, 129, 159
　←り・あん
アンドリュー・ラウ　104
　←りゅう・いきょう
アン・ホイ　104
　←きょ・あんか

い

易智言（イー・ツーイェン）　105
　←えき・ちげん
飯塚容（いいづか・ゆとり）　90
イーユン・リー　160
　←李翊雲（り・よくうん）
郁達夫（いく・たっぷ）　46
生田滋（いくた・しげる）　165
イザベラ・バード　10
石井柏亭（いしい・はくてい）　116
石子順（いしこ・じゅん）　106
泉田英雄（いずみだ・ひでお）　157
伊藤茂（いとう・しげる）　90
井波律子（いなみ・りつこ）　33

209

う

ウイトケ →ロクサーヌ・ウイトケ
呉貽弓（ウー・イーコン） 99
　←ご・いきゅう
魏徳聖（ウェイ・ダーション） 106, 131
　←ぎ・とくせい
王家衛（ウォン・カーウァイ） 104
　←おう・かえい
内山嘉吉（うちやま・かきつ） 114, 115
内山完造（うちやま・かんぞう） 115
宇留河泰呂（うるがわ・やすろ） 115
ウロルト 168

え

衛慧（えい・けい） 71
　易智言（えき・ちげん）→イー・ツーイェン
エドガー・スノー 14
エドワード・ヤン 105, 129
　←よう・とくしょう
袁牧之（えん・ぼくし） 96
閻連科（えん・れんか） 74

お

王安憶（おう・あんおく） 65
王育徳（おう・いくとく） 125
王海藍（おう・かいらん） 71
　王家衛（おう・かえい）→ウォン・カーウァイ
汪暉（おう・き） 70
　王慶松（おう・けいしょう）→ワン・チンソン
王啓民（おう・けいみん） 98
王建民（おう・けんみん） 130

王道源（おう・どうげん） 111
　王兵（おう・へい）→ワン・ビン
王蒙（おう・もう） 65
大島正二（おおしま・しょうじ） 27
大林太良（おおばやし・たりょう） 165
岡崎由美（おかざき・ゆみ） 39
岡田晃（おかだ・あきら） 138
岡田英弘（おかだ・ひでひろ） 168
岡本真希子（おかもと・まきこ） 126
温又柔（おん・ゆうじゅう） 132, 160

か

過士行（か・しこう） 90
　賈樟柯（か・しょうか）→ジャ・ジャンクー
賈平凹（か・へいおう） 67
艾蕪（がい・ぶ） 60
　艾未未（がい・びび）→アイ・ウェイウェイ
　楽黛雲（がく・たいうん）→ユエ・ダイユン
郭沫若（かく・まつじゃく） 11, 87, 88
郭敬明（かく・けいめい） 77
郭建英（かく・けんえい） 113
　霍建起（かく・けんき）→フォ・チェンチー
郭源治（かく・げんじ） 130
格非（かくひ） 75
片倉佳史（かたくら・よしふみ） 125
川田進（かわた・すすむ） 89, 118
河竹繁俊（かわたけ・しげとし） 86
加藤徹（かとう・とおる） 85, 87
金子光晴（かねこ・みつはる） 13, 115
金城武（かねしろ・たけし） 149
可児弘明（かに・ひろあき） 138
韓寒（かん・かん） 77
翰光（かん・こう） 160
関紫蘭（かん・しらん） 112
韓少功（かん・しょうこう） 67

210

索　引

韓邦慶（かん・ほうけい）　37
咸豊帝（かんぽうてい）　10

き

魏徳聖（ぎ・とくせい）→ウェイ・ダーション
邱永漢（きゅう・えいかん）　125, 139
邱淑婷（きゅう・しゅくてい）　142
許鞍華（きょ・あんか）→アン・ホイ
許地山（きょ・ちざん）　53
←らくかせい
曲波（きょく・は）　60
金文京（きん・ぶんきょう）　29
金庸（きんよう）　39, 141

く

遇羅錦（ぐう・らきん）　66
倉田徹（くらた・とおる）　138
黒田清輝（くろだ・せいき）　110

け

倪貽徳（げい・いとく）　111
瓊瑤（けいよう）　39
阮玲玉（げん・れいぎょく）→ロアン・リンユィ

こ

呉貽弓（ご・いきゅう）→ウー・イーコン
呉昌碩（ご・しょうせき）　116
黄鋭（こう・えい）→ホアン・ロエイ
高奇峰（こう・きほう）　116
高玉宝（こう・ぎょくほう）　63
高剣父（こう・けんふ）　116

高行健（こう・こうけん）　70, 89
侯孝賢（こう・こうけん）→ホウ・シャオシェン
光緒帝（こうしょてい　こうちょてい）　10
洪深（こう・しん）　87
江青（こう・せい）　16, 88
浩然（こうぜん）　63
康有為（こう・ゆうい）　11
呉敬梓（ご・けいし）　36
呉趼人（ご・けんじん）　36
顧城（こ・じょう）　65
呉組緗（ご・そしょう）　54
胡適（こ・てき）　44, 87
呉天明（ご・てんめい）　83
小長谷有紀（こながや・ゆき）　168
粉雪まみれ（こなゆき・まみれ）　106
胡風（こふう）　52, 61
コルヴィッツ　114
小柳淳（こやなぎ・じゅん）　144
呉友如（ご・ゆうじょ）　35

さ

蔡英文（さい・えいぶん）　133
蔡焜燦（さい・こんさん）　126
賽金花（さいきんか）　37
蔡楚生（さい・そせい）　96, 97
齋藤希史（さいとう・まれし）　29
蔡明亮（さい・めいりょう）→ツァイ・ミンリャン
坂本勉（さかもと・つとむ）　169
佐々木睦（ささき・まこと）　26
ザシダワ　171
佐治俊彦（さじ・としひこ）　83
サッチャー　137
沢木耕太郎（さわき・こうたろう）　143
残雪（ざんせつ）　74

211

し

史鉄生（し・てっせい） 73, 74
周杰倫（ジェイ・チョウ） 130
　←しゅう・けつりん
司馬遷（しば・せん） 25
司馬遼太郎（しば・りょうたろう） 167
島尾伸三（しまお・しんぞう） 144, 146
賈樟柯（ジャ・ジャンクー） 102
　←か・しょうか
謝晋（しゃ・しん） 99
謝長廷（しゃ・ちょうてい） 131
ジャッキー・チェン 104, 140
　←せいりゅう
朱天心（しゅ・てんしん） 132
朱徳（しゅ・とく） 15
徐冰（シュイ・ビン） 119
　←じょ・ひょう
周恩来（しゅう・おんらい） 16
柔石（じゅうせき） 53
蒋介石（しょう・かいせき） 12, 128
焦菊隠（しょう・きくいん） 88
蒋経国（しょう・けいこく） 128
　周杰倫（しゅう・けつりん）→ジェイ・チョウ
周作人（しゅう・さくじん） 44
周而復（しゅう・じふく） 61
　周星馳（しゅう・せいち）→チャウ・シンチー
周揚（しゅう・よう） 64
茹志鵑（じょ・しけん） 65
徐枕亜（じょ・ちんあ） 38
　徐冰（じょ・ひょう）→シュイ・ビン
徐悲鴻（じょ・ひこう） 116
章詒和（しょう・いわ） 15, 89
蕭軍（しょう・ぐん） 51
蕭乾（しょう・けん） 59

蕭紅（しょう・こう） 50
蒋光慈（しょう・こうじ） 54
　色波（しょくは）→ソーボー
ジョンストン 12
沈従文（しん・じゅうぶん） 48, 171
沈浮（しん・ふ） 97
諶容（しん・よう） 66

す

水華（すいか） 98
杉山太郎（すぎやま・たろう） 90

せ

斉如山（せい・じょさん） 84
西太后（せいたいこう） 10
斉白石（せい・はくせき） 116
齊邦媛（せい・ほうえん） 14
　成龍（せいりゅう）→ジャッキー・チェン
瀬戸口律子（せとぐち・りつこ） 29
瀬戸宏（せと・ひろし） 87
芹澤和美（せりざわ・かずみ） 146
銭鍾書（せん・しょうしょ） 54, 63

そ

曹禺（そう・ぐう） 87
宋慶齢（そう・けいれい） 12
孫玄齢（そん・げんれい） 89
曹雪芹（そう・せっきん） 33
宋美齢（そう・びれい） 12
色波（ソーボー） 171
　←しょくは
蘇童（そどう） 76
曽樸（そう・ぼく） 36
孫周（スン・チョウ） 101

索　引

←そん・しゅう
孫羽（そん・う）　98
　　孫周（そん・しゅう）→スン・チョウ
孫文（そん・ぶん）　11, 155
孫瑜（そん・ゆ）　96

た

大豊泰昭（たいほう・やすあき）　130
高島俊男（たかしま・としお）　27, 33
竹内実（たけうち・みのる）　61
竹下夢二（たけした・ゆめじ）　115
田中克彦（たなか・かつひこ）　27
田村志津枝（たむら・しづえ）　20, 106
ダライ・ラマ14世（だらい・らま14せい）　170
樽本照雄（たるもと・てるお）　34
譚璐美（たん・ろみ）　156

ち

陳凱歌（チェン・カイコー）　62, 84, 89, 99
　←ちん・がいか
鄭念（チェン・ニエン）　16
　←てい・ねん
近松門左衛門（ちかまつ・もんざえもん）　124
知野二郎（ちの・じろう）　142
周星馳（チャウ・シンチー）　104
　←しゅう・せいち
趙丹（チャオ・タン）　97
　←ちょう・たん
張藝謀（チャン・イーモウ）　66, 99
　←ちょう・げいぼう
　　張恵妹（チャン・ホイメイ）→アーメイ
張楊（チャン・ヤン）　102
　←ちょう・よう

チャン・リュル　23
　←張律（ちょう・りつ）
張愛玲（ちょう・あいれい）　38, 52
張煒（ちょう・い）　76
張貴興（ちょう・きこう）　158
　　張藝謀（ちょう・げいぼう）→チャン・イーモウ
　　張恵妹（ちょう・けいまい）→アーメイ
張賢亮（ちょう・けんりょう）　66
張恨水（ちょう・こんすい）　38
張競（ちょう・きょう）　37
趙志剛（ちょう・しごう）　83
　　張戎（ちょう・じゅう）→ユン・チアン
趙獣（ちょう・じゅう）　112
趙樹理（ちょう・じゅり）　52, 60
張承志（ちょう・しょうし）　59
張善孖（ちょう・ぜんし）　118
　　趙丹（ちょう・たん）→チャオ・タン
張暖忻（ちょう・だんきん）　99
張天翼（ちょう・てんよく）　52
チョウ・ユンファ　141
張揚（ちょう・よう）　63
　　張楊（ちょう・よう）→チャン・ヤン
張楽平（ちょう・らくへい）　113
　　張律（ちょう・りつ）→チャン・リュル
　　陳凱歌（ちん・がいか）→チェン・カイコー
　　陳慶祥（ちん・けいしょう）→アニウ
陳師曾（ちん・しそう）　116
陳水扁（ちん・すいへん）　130
陳西禾（ちん・せいか）　98
陳染（ちん・せん）　72
陳天璽（ちん・てんじ）　150
陳培豊（ちん・ばいほう）　125
陳抱一（ちん・ほういつ）　110
陳優継（ちん・ゆうけい）　156

213

つ

蔡明亮（ツァイ・ミンリャン）　105
　←さい・めいりょう
ツェリン・オーセル　171
ツェリン・ドルジェ　171

て

鄭義（てい・ぎ）　67, 160
鄭成功（てい・せいこう）　124
程歩高（てい・ほこう）　96
丁玲（てい・れい）　53
　鄭念（てい・ねん）→チェン・ニエン
テレサ・テン　157
　←とう・れいくん
田漢（でん・かん）　87
田原（でん・げん）　77
田壮壮（でん・そうそう）　100

と

鄧暁芒（とう・ぎょうぼう）　75
湯顕祖（とう・けんそ）　82
東光博英（とうこう・ひでひろ）　146
鄧小平（とう・しょうへい）　16, 137
同治帝（どうちてい）　10
　鄧麗君（とう・れいくん）→テレサ・テン
戸田郁子（とだ・いくこ）　167
戸張東夫（とばり・はるお）　95

な

内藤陽介（ないとう・ようすけ）　144
中川紀元（なかがわ・きげん）　112
中嶋嶺雄（なかじま・みねお）　138
中野重治（なかの・しげはる）　61
中野美代子（なかの・みよこ）　33
奈良和夫（なら・かずお）　114
南派三叔（なんはさんしゅく）　78

に

寧浩（ニン・ハオ）　23
　←寧浩（ねい・こう）
寧瀛（ニン・イン）　101
　←ねい・えい
西沢治彦（にしざわ・はるひこ）　101
西田龍雄（にしだ・たつお）　24, 28
西原哲也（にしはら・てつや）　140
西槇偉（にしまき・いさむ）　115

ね

寧瀛（ねい・えい）→ニン・イン
寧浩（ねい・こう）→ニン・ハオ

の

野崎歓（のざき・かん）　141

は

馬英九（ば・えいきゅう）　131
廃名（はいめい）　50
　←ふう・ぶんぺい
ハインリヒ・ハラー　171
　巴金（はきん）→ぱきん
巴金（ぱきん）　55, 59, 98
　←はきん
莫言（ばくげん）　66, 76, 100
白行簡（はく・こうかん）　32
白先勇（はく・せんゆう）　132
　馬徐維邦（ばじょ・いほう）→マーシュ

索　引

イ・ウェイバン
馳星周（はせ・せいしゅう）　130
哈斯朝魯（ハスチョロー）　102
波多野乾一（はたの・けんいち）　85
パッテン　138
服部龍二（はっとり・りゅうじ）　128
哈日杏子（はにち・きょうこ）　131
浜下武志（はました・たけし）　140
林ひふみ（はやし・ひふみ）　106
バルケ　138
　　バルト→ロラン・バルト
潘玉良（はん・ぎょくりょう）　112
坂東玉三郎（ばんどう・たまさぶろう）　83

ひ

　　費穆（ひ・ぼく）→フェイ・ムー
ビアズリー　114
樋泉克夫（ひいずみ・かつお）　87
久末亮一（ひさまつ・りょういち）　138
一青妙（ひとと・たえ）　132
一青窈（ひとと・よう）　132, 149
日野みどり（ひの・みどり）　144
ビビアン・スー　132
平野久美子（ひらの・くみこ）　144

ふ

方力鈞（ファン・リージュン）　119
　　←ほう・りききん
馮沅君（ふう・げんくん）　54
　　馮文炳（ふう・ぶんぺい）→はいめい
馮夢龍（ふう・ぼうりょう）　33
費穆（フェイ・ムー）　97
　　←ひ・ぼく
霍建起（フォ・チェンチー）　101
　　←かく・けんき

蕗谷虹児（ふきや・こうじ）　114
福地信世（ふくち・のぶよ）　85
藤井省三（ふじい・しょうぞう）　45, 71, 96
藤島武二（ふじしま・たけじ）　110
フビライ・ハン　23
ブルース・リー　103, 140
　　←李小龍（り・しょうりゅう、リ・シャオロン）

へ

北島（ペイタオ）　64
　　←ほくとう

ほ

蒲松齢（ほ・しょうれい）　32
黄鋭（ホアン・ロエイ）　119
　　←こう・えい
　　芒克（ぼうこく）→マンク
豊子愷（ほう・しがい）　110, 115
侯孝賢（ホウ・シャオシェン）　20, 104, 127
　　←こう・こうけん
茅盾（ぼうじゅん）　54, 96
　　方力鈞（ほう・りききん）→ファン・リージュン
穆時英（ぼく・じえい）　54
　　北島（ほくとう）→ペイタオ
星野博美（ほしの・ひろみ）　143
本田善彦（ほんだ・よしひこ）　129

ま

馬徐維邦（マーシュイ・ウェイバン）　97
　　←ばじょ・いほう
牧陽一（まき・よういち）　89, 118, 120
又吉盛清（またよし・せいきよ）　125

215

松浦恆雄（まつうら・つねお）　89, 118
マテオ・リッチ　145
芒克（マンク）　65
　←ぼうこく

み

三澤真美恵（みさわ・まみえ）　106
水谷尚子（みずたに・なおこ）　170
宮崎市定（みやざき・いちさだ）　36
宮崎滔天（みやざき・とうてん）　11
宮沢りえ（みやざわ・りえ）　83
宮脇淳子（みやわき・じゅんこ）　168

む

村上春樹（むらかみ・はるき）　71
村上由見子（むらかみ・ゆみこ）　159
村松伸（むらまつ・しん）　114

め

梅蘭芳（メイ・ランファン）　84

も

孟京輝（もう・けいき）　90
毛沢東（もう・たくとう）　14, 27, 88, 98, 109

や

安井三吉（やすい・さんきち）　158
ヤスミン・アフマド　159
柳瀬尚紀（やなせ・なおき）　27
山口文憲（やまぐち・ふみのり）　144
山下清海（やました・きよみ）　153, 156, 157

ゆ

楽黛雲（ユエ・ダイユン）　63
　←がく・たいうん
ユン・チアン　16
　←張戎（ちょう・じゅう）

よ

余華（よ・か）　75
楊海英（よう・かいえい）　169
楊絳（よう・こう）　63
楊剛（よう・ごう）　54
楊徳昌（よう・とくしょう）→エドワード・ヤン
楊凡（よう・はん）→ヨン・ファン
ヨン・ファン　83
　←楊凡（よう・はん）
楊沫（よう・まつ）　60

ら

羅信耀（ら・しんよう）　13
落華生（らく・かせい）→きょ・ちざん
ラビア・カーディル　169
ラムゼイ　24
　←S.R.ラムゼイ
ラモス　95
　←A・ラモス

り

李安（り・あん）→アン・リー
李嘉誠（リ・カシン）　139
　←り・かせい
李嘉誠（り・かせい）→リ・カシン
李涵秋（り・かんしゅう）　38

216

索　引

李建志（り・けんじ）　159
李昂（り・こう）　132
　　←リー・アン
李鴻章（り・こうしょう）　10
　　李光耀（り・こうよう）→リー・クアンユー
李志綏（り・しすい）　15
李叔同（り・しゅくどう）　110
　　李小龍（リ・シャオロン）→ブルース・リー
　　李小龍（り・しょうりゅう）→ブルース・リー
李登輝（り・とうき）　128
李宝嘉（り・ほうか）　36
　　李翊雲（り・よくうん）→イーユン・リー
　　李六乙（り・りくいつ）→リー・リュウイ
　　李昂（リー・アン）→り・こう
李六乙（リー・リュウイ）　90
　　←り・りくいつ
リー・クアンユー　152
　　←李光耀（り・こうよう）
陸偉榮（りく・いえい）　110
リグデン　169
　　劉偉強（りゅう・いきょう）→アンドリュー・ラウ
龍應台（りゅう・おうたい）　127
劉海粟（りゅう・かいぞく）　110
劉鶚（りゅう・がく）　36
劉暁波（りゅう・ぎょうは）　70
劉傑（りゅう・けつ）　156
劉少奇（りゅう・しょうき）　16
劉心武（りゅう・しんぶ）　64
劉賓雁（りゅう・ひんがん）　65
梁啓超（りょう・けいちょう）　11, 34
梁錫鴻（りょう・しゃくこう）　112
凌叔華（りょう・しゅくか）　53
梁斌（りょう・ひん）　60
凌蒙初（りょう・もうしょ）　33
林紓（りん・じょ）　35
林兆華（りん・ちょうか）　89
林風眠（りん・ふうみん）　111

れ

レスリー・チャン　142
連戦（れん・せん）　130

ろ

阮玲玉（ロアン・リンユィ）　96
　　←げん・れいぎょく
老舎（ろうしゃ）　47, 88, 168
ロクサーヌ・ウイトケ　88
　　←ウイトケ
魯迅（ろじん）　13, 31, 55, 96, 114
盧新華（ろ・しんか）　64
ロラン・バルト　64
　　←バルト
路翎（ろれい）　52

わ

若林正丈（わかばやし・まさひろ）　126
和久田幸助（わくだ・こうすけ）　138
ワトソン　138
王慶松（ワン・チンソン）　120
　　←おう・けいしょう
王兵（ワン・ビン）　103
　　←おう・へい

事項索引

アルファベット

ABC　　156
　　←アメリカン・ボーン・チャイニーズ
CiNii　　181
CiNii books　　179
CNKI　　182
Google Scholar　　181

あ

愛国教育（あいこくきょういく）　　143
　　アヴァンギャルド　→先鋒派
阿Ｑ（あきゅう）　　56
アヘン戦争（あへんせんそう）　　10, 34, 95, 135
　　アメリカン・ボーン・チャイニーズ
　　　→ ABC
アラビア文字（あらびあもじ）　　22

い

イエズス会（いえずすかい）　　144
イギリス人総督（いぎりすじんそうとく）　　136
意識の流れ（いしきのながれ）　　65
彝族（いぞく）　　171
夷狄（いてき）　　166
一国二制度（いっこくにせいど）　　137
彝文字（いもじ）　　171
インディペンデント映画（いんでぃぺんでんとえいが）　　103

インドネシア　　150

う

ヴィクトリア・ピーク　　135
ウイグル　　165
ウイグル語（ういぐるご）　　22
ウイグル人（ういぐるじん）　　22
ウイグル族（ういぐるぞく）　　164
ウズベキスタン　　169
内モンゴル自治区（うちもんごるじちく）　　168
ヴェトナム　　165
雲南（うんなん）　　165

え

エヴェンキ族（えゔぇんきぞく）　　168
越劇（えつげき）　　83
粤方言（えつほうげん）　　20
鴛鴦蝴蝶派小説（えんおうこちょうはしょうせつ）　　38
延辺朝鮮族自治州（えんぺんちょうせんぞくじちしゅう）　　167

お

　　澳門（おうもん）→マカオ
オスマン帝国（おすまんていこく）　　169

か

改革開放（かいかくかいほう）　　16, 59, 65, 76, 151, 157
改革開放路線（かいかくかいほうろせん）　　109
会館（かいかん）　　154
戒厳令（かいげんれい）　　127

218

索 引

外省人（がいしょうじん）　126
回人（かいじん）　24
回族（かいぞく）　170
華夷秩序（かいちつじょ）　165
開封（かいほう）　25
　　解放区（かいほうく）→共産党統治地区
買い物天国（かいものてんごく）　135
科挙（かきょ）　32, 56
華僑（かきょう）　11, 150
革命模範劇（かくめいもはんげき）　88, 98
　　←八つの革命模範劇
華語（かご）　20, 154
カザフスタン　169
佳人（かじん）　32
華人（かじん）　21, 142, 149
下放（かほう）　99
賈宝玉（か・ほうぎょく）　33
　　簡化字（かんかじ）→簡体字
漢語（かんご）　19
漢字（かんじ）　26
漢字文化圏（かんじぶんかけん）　165
漢人（かんじん）　25
閑人三部作（かんじんさんぶさく）　90
漢族（かんぞく）　124, 149 ＝漢民族
簡体字（かんたいじ）　27
　　←簡化字
関帝廟（かんていびょう）　155
関東軍（かんとうぐん）　13
広東語（かんとんご）　20
漢文（かんぶん）　24
贛方言（かんほうげん）　20
官話方言（かんわほうげん）　19
漢民族（かんみんぞく）　19, 163 ＝漢族

き

妓女（ぎじょ）　32
旗人（きじん）　167
　　北朝鮮（きたちょうせん）→朝鮮民主主義人民共和国
契丹文字（きったんもじ）　28
　　九龍城（きゅうりゅうじょう）→くーろんじょう
　　九龍半島（きゅうりゅうはんとう）→くーろんはんとう
京劇（きょうげき）　81, 82
　　共産党（きょうさんとう）→中国共産党
共産党統治地区（きょうさんとうとうちちく）　52, 60, 117
　　←解放区
キリル文字（きりるもじ）　23
キルギス　169
義和団事件（ぎわだんじけん）　47
金（きん）　167
金陵十二釵（きんりょうじゅうにさ）　33

く

クアラルンプール　22
クイア批評（くいあひひょう）　73
苦力（クーリー）　151
九龍城（くーろんじょう）　143
　　←きゅうりゅうじょう
九龍半島（くーろんはんとう）　135
　　←きゅうりゅうはんとう
軍票（ぐんぴょう）　136

け

啓蒙と救国（けいもうときゅうこく）　70

219

決瀾社（けつらんしゃ）　111
原住民（げんじゅうみん）　106, 123
現状維持（げんじょういじ）　133
言情小説（げんじょうしょうせつ）　38
譴責小説（けんせきしょうせつ）　36
現代文学（げんだいぶんがく）　44
元朝（げんちょう）　166

こ

抗日（こうにち）　135
抗日戦争（こうにちせんそう）　60
　＝日中戦争
紅衛兵（こうえいへい）　59
甲骨文字（こうこつもじ）　26
広西チワン族自治区（こうせいちわんぞくじちく）　171
高低アクセント（こうていあくせんと）　19
神戸南京町（こうべなんきんまち）　155
皇民化運動（こうみんかうんどう）　126
国際金融センター（こくさいきんゆうせんたー）　139
国語（こくご）　20
国籍法（こくせきほう）　152
国民政府（こくみんせいふ）　43
　国民党（こくみんとう）→中国国民党
国民党統治地区（こくみんとうとうちちく）　52, 117
滬劇（こげき）　83
五四運動（ごしうんどう）　12, 25
　五四新文化運動（ごししんぶんかうんどう）→新文化運動
古装戯（こそうぎ）　84
国共内戦（こっきょうないせん）　43, 127
滑稽戯（こっけいぎ）　83
国慶節（こっけいせつ）　155
胡風批判（こふうひはん）　61
呉方言（ごほうげん）　20

孤立語（こりつご）　19
孔乙己（コンイーチー）　56
崑曲（こんきょく）　82

さ

才子（さいし）　32
才子佳人小説（さいしかじんしょうせつ）　32
在日台湾人（ざいにちたいわんじん）　132
雑劇（ざつげき）　25
三言二拍（さんげんにはく）　33
三国時代（さんごくじだい）　32, 163

し

市場化（しじょうか）　69, 70
時装新戯（じそうしんぎ）　84
四大奇書（しだいきしょ）　32
シナ・チベット語族（しな・ちべっとごぞく）　19
下関条約（しものせきじょうやく）　125
社会主義市場経済（しゃかいしゅぎしじょうけいざい）　71
社会小説（しゃかいしょうせつ）　38
上海（しゃんはい）　13
上海語（しゃんはいご）　20
春節（しゅんせつ）　155
　自由放任主義（じゆうほうにんしゅぎ）→レッセ・フェール
春陽社（しゅんようしゃ）　86
春柳社（しゅんりゅうしゃ）　86
章回小説（しょうかいしょうせつ）　25, 32
傷痕文学（しょうこんぶんがく）　64
少数民族（しょうすうみんぞく）　22, 164
小説界革命（しょうせつかいかくめい）

索　引

　　　　34
湘方言（しょうほうげん）　20
商務印書館（しょうむいんしょかん）　35
蜀（しょく）　32
女真族（じょしんぞく）　167
女真文字（じょしんもじ）　28
シルクロード　169
清（しん）　167
辛亥革命（しんがいかくめい）　11, 31, 43, 151
新華僑（しんかきょう）　156
シンガポール　20, 149
新時期文学（しんじきぶんがく）　64
新疆ウイグル自治区（しんきょううぐるじちく）　169
星星画会（しんしんがかい）　119
　←星星画会（せいせいがかい）
清代（しんだい）　31
清朝（しんちょう）　10, 43, 109, 135, 166
親日的（しんにちてき）　123
清末（しんまつ）　31
人民解放軍（じんみんかいほうぐん）　170
人民服（じんみんふく）　61
人民文学（じんみんぶんがく）　61
新文化運動（しんぶんかうんどう）　12, 25, 87
　←五四新文化運動

せ

西夏文字（せいかもじ）　28
　星星画会（せいせいがかい）→しんしんがかい
声調言語（せいちょうげんご）　19
薛宝釵（せつ・ほうさ）　33
セデック族（せでっくぞく）　106

川劇（せんげき）　83
先鋒派（せんぽうは）　75, 76
　←アヴァンギャルド

そ

双十節（そうじゅうせつ）　155
宋代（そうだい）　32
創造社（そうぞうしゃ）　46, 111
租界（そかい）　13, 110
租借条約（そしゃくじょうやく）　135
蘇州崑劇院（そしゅうこんげきいん）　83
孫悟空（そん・ごくう）　32

た

タイ　149
第五世代（だいごせだい）　62, 99
大観園（たいかんえん）　33
台語（たいご）　20
大清帝国（だいしんていこく）　166
タイ族（たいぞく）　171
第二次世界大戦（だいにじせかいたいせん）　14
大日本帝国（だいにほんていこく）　166
太平天国の乱（たいへいてんごくのらん）　10
太平洋戦争（たいへいようせんそう）　14, 39
台北（タイペイ）　104
大躍進運動（だいやくしんうんどう）　15
台湾（たいわん）　123, 165
台湾意識（たいわんいしき）　129
台湾化（たいわんか）　131
台湾総督府（たいわんそうとくふ）　125
台湾独立（たいわんどくりつ）　130
台湾ニューシネマ（たいわんニューシネマ）　129

221

太陽花学運（たいようかがくうん）→ひまわり学生運動
脱北者（だっぽくしゃ）　167
多民族国家（たみんぞくこっか）　164
単音節言語（たんおんせつげんご）　19
探索劇（たんさくげき）　89
探偵小説（たんていしょうせつ）　38

ち

血の日曜日事件（ちのにちようびじけん）
　→天安門事件（第二次）
チベット　165
チベット語（ちべっとご）　22
チベット人（ちべっとじん）　22
チベット族（ちべっとぞく）　164, 170
チベット文字（ちべっともじ）　22
チベット動乱（ちべっとどうらん）　170
地方劇（ちほうげき）　81
チャイナタウン　153
注音字母（ちゅういんじぼ）　27
注音符号（ちゅういんふごう）　27
中央アジア（ちゅうおうアジア）　169
中英共同声明（ちゅうえいきょうどうせいめい）　137
中華（ちゅうか）　166
中原（ちゅうげん）　166
中華民国（ちゅうかみんこく）　11, 31, 43, 109, 123
中華人民共和国（ちゅうかじんみんきょうわこく）　14, 39, 44, 60, 87, 97, 109, 136, 151, 164, 167
中華独立美術協会（ちゅうかどくりつびじゅつきょうかい）　112
中国共産党（ちゅうごくきょうさんとう）　14, 136
　←共産党
中国国民党（ちゅうごくこくみんとう）　12, 126
　←国民党
中国語圏文学（ちゅうごくごけんぶんがく）　141
長安（ちょうあん）　32
長征（ちょうせい）　14
朝鮮語（ちょうせんご）　23
朝鮮族（ちょうせんぞく）　23, 167
朝鮮半島（ちょうせんはんとう）　165
朝鮮民主主義人民共和国（ちょうせんみんしゅしゅぎじんみんきょうわこく）　167
重慶マンション（ちょんきんまんしょん）　143
チワン語（ちわんご）　22
チワン人（ちわんじん）　22
チワン族（ちわんぞく）　171

つ

ツングース系民族（ツングースけいみんぞく）　168

て

帝国主義（ていこくしゅぎ）　158
天安門事件（第一次）（てんあんもんじけん）　64
天安門事件（第二次）（てんあんもんじけん）　17, 67, 69, 72, 119, 137, 160
　←血の日曜日事件
伝奇（でんき）　32
纏足（てんそく）　37

と

統一（とういつ）　133
土家族（トウジャーぞく）　48, 171

索　引

　　←どかぞく
唐人（とうじん）　154
唐人屋敷（とうじんやしき）　154
唐代（とうだい）　32
　　土家族（どかぞく）→土家族（トウジャー族）
特別行政区（とくべつぎょうせいく）　137, 145
トルコ系民族（とるこけいみんぞく）　169
トルコ共和国（とるこきょうわこく）　169
トルクメニスタン　169
トンパ経（とんぱきょう）　28
トンパ文字（とんぱもじ）　28, 171

な

長崎新地中華街（ながさきしんちちゅうかがい）　155
ナシ人（なしじん）　24
ナシ族（なしぞく）　171
ナショナリズム　157
南京条約（なんきんじょうやく）　95, 135
南巡講話（なんじゅんこうわ）　69
南蛮貿易（なんばんぼうえき）　144

に

二十一ヶ条の要求（にじゅういっかじょうのようきゅう）　12
二重国籍（にじゅうこくせき）　151
日露戦争（にちろせんそう）　110
日清戦争（にっしんせんそう）　11, 104, 125, 166
日中戦争（にっちゅうせんそう）　14, 38, 43, 109, 117, 125, 151　＝抗日戦争
二・二八事件（に・にはちじけん）　104, 126
日本（にほん）　165

日本軍統治地区（にほんぐんとうちちく）　52
日本語教育（にほんごきょういく）　125

ね

寧夏回族自治区（ねいかかいぞくじちく）　170
ネット文学（ねっとぶんがく）　73

は

哈日族（ハーリーズー）　131
八〇後（バーリンホウ）　78
排華運動（はいかうんどう）　152
白話小説（はくわしょうせつ）　34
白話文（はくわぶん）　25, 32
パスパ文字（ぱすぱもじ）　23
客家方言（はっかほうげん）　20
パフォーマンス　72
反右派闘争（はんうはとうそう）　15, 61
潘金蓮（はん・きんれん）　33
　　反思文学（はんしぶんがく）→反省文学
反省文学（はんせいぶんがく）　65
　　←反思文学
ハングル（はんぐる）　23
繁体字（はんたいじ）　27
万里の長城（ばんりのちょうじょう）　163

ひ

東アジア（ひがしあじあ）　164
美女作家（びじょさっか）　72
ひまわり学生運動　133
　　←たいようかがくうん
　　苗族（びょうぞく）→ミャオ族
批林批孔運動（ひりんひこううんどう）

223

　　　　64
拼音（ピンイン）　27
閩方言（びんほうげん）　20
閩南語（びんなんご）　20

ふ

胡同（フートン）　102
フェミニズム文学（ふぇみにずむぶんがく）
　　　　73
武俠小説（ぶきょうしょうせつ）　38, 141
服務貿易協定（ふくむぼうえききょうてい）
　　　　133
武松（ぶ・しょう）　33
二つの中国（ふたつのちゅうごく）　127
普通話（ふつうわ）　20
ブミプトラ　152
プラナカン文学（ぷらなかんぶんがく）
　　　　160
　　　プロレタリア文化大革命（ぷろれたり
　　　あぶんかだいかくめい）→文化大革命
文化大革命（ぶんかだいかくめい）　16,
　　　47, 59, 72, 76, 88, 98, 118, 151, 168
　　　←プロレタリア文化大革命
　　　←文革
　　　文革（ぶんかく）→文化大革命
文学革命（ぶんがくかくめい）　44
文言文（ぶんげんぶん）　25, 32
文明戯（ぶんめいぎ）　86

へ

ペー族（ぺーぞく）　171
北京（ぺきん）　13
北京語（ぺきんご）　20

ほ

方言（ほうげん）　19
北宋（ほくそう）　163
北伐（ほくばつ）　12
戊戌変法運動（ぼじゅつへんぽううんどう）
　　　　11
戊戌政変（ぼじゅつせいへん）　34
香港（ホンコン）　135, 165
香港映画（ほんこんえいが）　103, 141
　　　香港島（ほんこんとう）　135
香港ノアール（ほんこんのあーる）　104,
　　　140
本省人（ほんしょうじん）　126

ま

マカオ　144, 165
　　　←澳門
魔術的リアリズム（まじゅつてきりありずむ）
　　　66, 76
媽祖廟（まそびょう）　155
マレーシア　149
満洲（まんしゅう）　97, 165
満洲国（まんしゅうこく）　13, 52, 168
満州人（まんしゅうじん）　24
満洲事変（まんしゅうじへん）　96
満洲族（まんしゅうぞく）　10, 47, 163,
　　　167

み

苗族（みゃおぞく）　48, 171
　　　←苗族（びょうぞく）
　　　民主進歩党（みんしゅしんぽとう）→
　　　民進党
民進党（みんしんとう）　130

224

←民主進歩党
民選総統（みんせんそうとう）　129
明代（みんだい）　31
明朝（みんちょう）　124

む

霧社事件（むしゃじけん）　106

め

明治維新（めいじいしん）　110
五月天（メイデイ）　130

も

朦朧詩（もうろうし）　64
モンゴル　165
モンゴル語（もんごるご）　22
モンゴル国（もんごるこく）　168
モンゴル人（もんごるじん）　22, 23
モンゴル族（もんごるぞく）　163, 168
モンゴル帝国（もんごるていこく）　166
モンゴル文字（もんごるもじ）　22, 23

や

八つの革命模範劇（やっつのかくめいもはんげき）→革命模範劇
飲茶（ヤムチャ）　144

ゆ

ユーラシア大陸（ゆーらしあたいりく）　166

索　引

よ

横浜中華街（よこはまちゅうかがい）　153
吉本新喜劇（よしもとしんきげき）　83
四人組（よにんぐみ）　16
四小龍（よんしょうりゅう）　139

り

六朝時代（りくちょうじだい）　163
立法院（りっぽういん）　131
柳条湖事件（りゅうじょうこじけん）　13
梁山泊（りょうざんぱく）　33
林黛玉（りん・たいぎょく）　33
林兆華戯劇工作室（りんちょうかぎげきこうさくしつ）　90

る

ルーツ文学（るーつぶんがく）　67

れ

冷戦（れいせん）　152
歴史小説（れきししょうせつ）　60
歴史の終わり（れきしのおわり）　70
レッセ・フェール　139
←自由放任主義
レファレンス・サービス　180
連環画（れんかんが）　113

ろ

老華僑（ろうかきょう）　150
盧溝橋事件（ろこうきょうじけん）　14
魯迅芸術学院（ろじんげいじゅつがくいん）

117

わ

話劇（わげき）　81

翻訳作品集

『新しい台湾の文学』シリーズ　132
『季刊中国現代小説』　74
『コレクション中国同時代小説』　78
『シリーズ台湾現代詩』　132
『台湾原住民文学選』　132
『台湾熱帯文学』シリーズ　132
『台湾セクシュアル・マイノリティ文学』
　　　132
『中国現代文学』　74

執筆者一覧

＊中華圏　わたしのおススメ

大東和重（おおひがし　かずしげ）関西学院大学 ……… 第1章・第13章・あとがき
＊マレーシアの華人映画「アイス・カチャンは恋の味」（初戀紅豆冰）
　くだらなくて甘くて切なくて、パステルカラーの田舎町が美しい

及川　茜（おいかわ　あかね）　　東京大学 ………………………………… 第2章
＊ウォン・カーウァイ（王家衛）監督の香港映画「楽園の瑕」（東邪西毒）
　砂漠で見る水の夢、「拒まれたくなければこちらから拒むことだ」の台詞に潜む渇望

神谷まり子（かみや　まりこ）　　日本大学 …………………………… はじめに・第3章
＊張愛玲の短篇「花、落ちる」（花凋）
　「恋する女」なんてしょせん虚像、現実は滑稽で残酷なもの

齊藤大紀（さいとう　ひろき）　　富山大学 ………………………………… 第4章
＊加糖の緑茶・烏龍茶など、コンビニでも買える中華飲料
　梅干とトマトのブレンドジュースも衝撃的。日本では味わえない珍味

中野知洋（なかの　ともひろ）　　大阪教育大学 ……………………………… 第5章
＊台湾・板橋にある庭園「林家花園」（林本源園邸）
　台北近郊に、紅楼夢の世界もかくや、ほぼ手つかずのまま残された明代の庭園

城山拓也（しろやま　たくや）　　東北学院大学 ……………………………… 第6章
＊上海のホテル「浦江飯店」（アスターハウス）
　1846年築。レトロで雰囲気がある。リーズナブルなので貧乏学生でも宿泊可能

大野陽介（おおの　ようすけ）　　大阪市立大学等非常勤講師 ……………… 第7章
＊北京前門にあるレストラン「利群烤鴨店」
　迷路のような胡同の先にある、四合院を改造したお店。北京ダック以外の料理も美味

杉村安幾子（すぎむら　あきこ）　　日本女子大学 ……………………………… 第8章
＊北京西郊の鍾乳洞「銀狐洞」
　北京の街中から車で2時間。地底河を小舟で辿る。夏はひんやり、冬はあったか

中村みどり（なかむら　みどり）　　早稲田大学 ………………………………… 第9章
＊蘇州の運河沿いの通り「山塘街」
　周囲には明清代の民家が残る、風情あるストリート。カフェやユースホステルが並ぶ

＊中華圏　わたしのおススメ

和泉　　司　（いずみ つかさ）　　東洋大学 …………………………… 第10章
　＊日本と中国を舞台とした漫画『龍RON』（村上もとか）
　　昭和の初めから太平洋戦争終戦まで、ミステリーロマンの大作

高橋　　俊　（たかはし しゅん）　高知大学 …………………………… 第11章
　＊上海料理のチェーン店「上海人家（シャンハイレンチア）」
　　中華料理の中でも一番「ジャパニーズ中華」に近い味付け。気取らず、
　　リーズナブルに庶民の味が楽しめる

田村　容子　（たむら ようこ）　　北海道大学 ………………………… 第12章
　＊台湾のテレビ人形劇「霹靂布袋戯（ピーリーブータイシー）」
　　地を駆け、宙を舞い、爆発する人形劇。中華英雄のカッコよさ、ここに極まれり！

中野　　徹　（なかの とおる）　　近畿大学 ………………………… 第14章
　＊中国の水墨画アニメ「山水情」
　　バトルもなければ、萌え要素もないけれど、アニメの素晴らしさが凝縮

日野杉匡大　（ひのすぎ ただひろ）　北海学園大学等非常勤講師 …………… 第14章
　＊中国共産党軍の影の部隊を描いたドラマ「プロット・アゲインスト」（暗算）
　　無線傍受、暗号解読、スパイ戦の3部（全34話）からなる、息詰まる諜報戦が見もの

中国モダニズム研究会

略　歴

2009 年 10 月	研究会の結成について協議
2010 年　7 月	第 1 回研究例会を開催、以降年に 2-3 回の例会を開催中
2011 年 12 月	富山大学環日本海地域研究シンポジウム「中華圏のモダニズム」を開催
2012 年　9 月	中国文芸研究会の夏期合宿で特集「中国モダニズム」を組む
2013 年　2 月	中国文芸研究会の機関誌『野草』第 91 号で特集「中国モダニズム文学を読み直す」を組む
2014 年 10 月	『ドラゴン解剖学・登竜門の巻──中国現代文化 14 講』（関西学院大学出版会）刊行
2016 年 10 月	『ドラゴン解剖学・竜の子孫の巻──中華文化スター列伝』（同）刊行
2018 年 10 月	『ドラゴン解剖学・竜の生態の巻──中華生活文化誌』（同）刊行
2021 年　3 月	『夜の華──中国モダニズム研究会論集』（中国文庫）刊行
現　　在	モダニズム研究以外に、「中華圏の都市と文学」「博物館から見た中華圏」などの共同研究、論文集の刊行、本シリーズ「ドラゴン解剖学」執筆などの活動を展開中

ドラゴン解剖学　登竜門の巻
中国現代文化 14 講

2014 年 10 月 10 日　初版第一刷発行
2025 年　5 月 10 日　初版第五刷発行

　著　者　中国モダニズム研究会

　発行者　田村和彦
　発行所　関西学院大学出版会
　所在地　〒 662-0891
　　　　　兵庫県西宮市上ケ原一番町 1-155
　電　話　0798-53-7002

　印　刷　協和印刷株式会社

©2014 Chinese Modern Literature Association in Japan
Printed in Japan by Kwansei Gakuin University Press
ISBN 978-4-86283-167-5
乱丁・落丁本はお取り替えいたします。
本書の全部または一部を無断で複写・複製することを禁じます。

ドラゴン解剖学シリーズ 好評既刊

竜の子孫の巻
中華文化スター列伝

毛沢東・魯迅・李香蘭・ブルースリー・テレサテン……。中国近現代史に名を残す人物を選び、14名の執筆者が自由な角度からその生涯に改めて焦点をあてる。

- 第1章 時代の夜明けを生きたヒロインたち　宋慶齢と近代中国の女性
- 第2章 農民、モボ、革命家、そして「神」と「悪魔」へ　毛沢東
- 第3章 共和国のヒーロー像　白毛女から雷鋒まで
- 第4章 海を渡り日本をめざす　魯迅と留学生たち
- 第5章 まだ見ぬ星座を求めて　廃名と星々のものがたり
- 第6章 戦争・恋愛・家庭を描いた女性作家たち　張愛玲
- 第7章 激動の時代を生きた美しい男　梅蘭芳
- 第8章 国家と歴史のはざまから　李香蘭
- 第9章 孤高のヒーロー　ブルース・リー
- 第10章 一人の歌姫と〈二つの中国〉　テレサ・テンと鄧麗君
- 第11章 政治に翻弄される知識人たち　銭鍾書と楊絳
- 第12章 苦悩する自由派知識人　劉暁波が投げかける問い
- 第13章 幻想と政治のはざまで　ダライ・ラマのいないチベット
- 第14章 21世紀の"鬼子"たちへ　日本鬼子

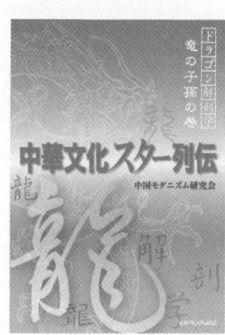

9784862832276　1,900円+税

竜の生態の巻
中華生活文化誌

中華圏に暮らす市井の人々の、衣食住や冠婚葬祭、また「聞く」「見る」「話す」といった視聴覚から、受験戦争や就職活動まで、市井の人々の生活と思考様式について、歴史を踏まえながら紹介する。

- 第1章 食べる　中国料理の世界
- 第2章 着る　チャイナドレス、人民服、ファッション
- 第3章 住む　濃密な人間模様を包む空間
- 第4章 聞く　爆竹・コオロギ・物売りの声
- 第5章 見る　寝ころんで覗く中国
- 第6章 話す　驚くほど豊かな言語文化
- 第7章 生まれ、生き、死ぬ　冠婚葬祭
- 第8章 学ぶ　可能性をひらく
- 第9章 働く　労働者はつらいよ
- 第10章 飲む　ちょっと一服　お茶でもいかが
- 第11章 つきあう　面子の立て方　つぶし方
- 第12章 旅する　東西南北の風土、心の地図を開く
- 第13章 つながる　SF世界とIT世界
- 第14章 調べる　ネット時代の調べもの術―情報の「うみ」を渡り、資料の「やま」に向き合う

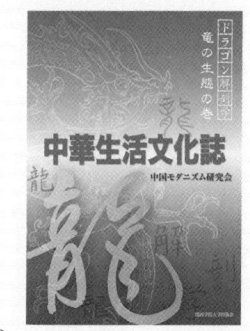

9784862832696　2,200円+税

中国モダニズム研究会